Teogonía
Trabajos y días
Escudo
Certamen

Tsogona
Trabajos y días
Estudio
Cantares

Hesíodo

Teogonía
Trabajos y días
Escudo
Certamen

Introducción, traducción y notas de
Adelaida Martín Sánchez
y María Ángeles Martín Sánchez

Alianza editorial
El libro de bolsillo

Primera edición: 1986
Tercera edición: 2013
Séptima reimpresión: junio 2025

Proyecto de colección: Estrada Design
Diseño de cubierta: Manuel Estrada

Reservados todos los derechos. El contenido de esta obra está protegido por la Ley, que establece penas de prisión y/o multas, además de las correspondientes indemnizaciones por daños y perjuicios, para quienes reprodujeren, plagiaren, distribuyeren o comunicaren públicamente, en todo o en parte, una obra literaria, artística o científica, o su transformación, interpretación o ejecución artística fijada en cualquier tipo de soporte o comunicada a través de cualquier medio, sin la preceptiva autorización.

© Alianza Editorial, S. A., Madrid, 1986, 2025
   Calle Valentín Beato, 21
   28037 Madrid
   www.alianzaeditorial.es

PAPEL DE FIBRA
CERTIFICADA

ISBN: 978-84-206-7882-5
Depósito legal: M. 28.418 - 2013
Printed in Spain

Índice

- 9 Introducción
- 29 Bibliografía

- 31 Teogonía
- 79 Trabajos y días
- 127 Escudo
- 151 Certamen

- 171 Apéndices
- 173   1. Glosario de nombres propios
- 206   2. Teogonía: Cuadro «A»
- 207   3. Teogonía: Cuadro «B»
- 208   4. Escudo de Heracles
- 209   5. Escudo de Aquiles (Ilíada)
- 210   6. Calendario del agricultor según Hesíodo

Introducción

1. Vida y época de Hesíodo

Frente a la absoluta oscuridad que rodea todo lo referente a Homero, encontramos en la obra de Hesíodo algunas informaciones sobre su propia vida.

Su padre, descendiente posiblemente de un grupo de eolios que emigró desde Tesalia en torno al año 1000 a.C. y se estableció en Cime, en Asia Menor, se dedicó en principio al comercio en aquellas tierras, pero regresó después a Grecia continental para trabajar, como agricultor y ganadero, en la mísera aldea de Ascra, probablemente movido por su espíritu comercial, al ser este lugar un centro de culto con festivales periódicos en honor de las Musas del Helicón.

En esta tierra realizó Hesíodo sus labores campesinas, a la vez que ejerció como aedo desde el día en que se le aparecieron las musas y le encomendaron esa misión, de la que informan, por ejemplo, Pausanias y la Antología Palatina.

Frente a la actividad marinera de su padre, el poeta sólo surcó el mar para participar en los juegos fúnebres en honor de Anfidamante, en Calcis, donde venció, según la leyenda, a Homero y obtuvo, como premio, un trípode que ofreció a las Musas del Helicón.

Al morir su padre, el reparto de la herencia le originó un conflicto con su hermano Perses. Esta amarga experiencia le indujo a componer sus *Trabajos y días (Tr.)* para proclamar el trabajo y la justicia como elementos básicos de la vida de los hombres.

Respecto a su muerte, una leyenda recogida por varios autores (Pausanias, Plutarco, Tucídides...), y que aparece en el *Certamen* (225 ss.), cuenta que, después de la competición con Homero, Hesíodo se estableció en Énoe, porque un oráculo le había advertido que evitara el Nemeo y él interpretó que se refería al del Peloponeso. En Énoe sedujo a la hija de su anfitrión y, para castigarlo, los hermanos de la joven lo llevaron cerca de un lugar llamado Nemeo, lo mataron y arrojaron su cuerpo al mar, pero unos delfines lo devolvieron a tierra el día en que los locrios iban a celebrar las fiestas de las *Rhia*. Ante tal prodigio, los locrios enterraron su cuerpo con todo tipo de honores cerca de Nemeo y los asesinos, aunque intentaron escapar, fueron descubiertos y castigados.

La cronología de Hesíodo ya era problemática para los escritores griegos, por lo que, ante esa carencia de testimonios seguros, la mayoría de los investigadores fijaron como época del poeta la segunda mitad del siglo VIII a.C. y primera mitad del VII a.C. a partir de diversos elementos: la comparación con Homero, su participación en los juegos de Anfidamante, los versos de Semónides de Amorgos, inspirados en *Tr.* 702-703 (cf. nota 51 de *Teogonía*).

En esta época, conocida como «época arcaica», el estado aristocrático se ha consolidado con una organización política en la que las magistraturas están reservadas a los nobles, el consejo está formado por exarcontes y en la asamblea sólo pueden participar los ciudadanos propietarios. En esta situación, mientras que el individuo no propietario no forma parte de la asamblea, el que lo es se siente fuerte e intenta afirmarse frente al poder estatal, tratando de conseguir mayores honores y prerrogativas. Pero la mayor novedad está, probablemente, en la organización social, en la que la polis va sucediendo a una organización de tipo gentilicio surgida como autodefensa ante la inseguridad producida al hundirse el imperio micénico. Frente a la ciudad-palacio de la Grecia micénica y la ciudad morada noble que la sustituye, la polis engloba a la población urbana y al campesino con igualdad de derechos y deberes. Inspirada en la idea de *isonomía,* poder y autoridad se encuentran depositados en el centro, en el ágora. La cultura, gracias a la escritura, está al alcance de todos y, de igual modo, las leyes sólo son válidas si sirven para conseguir la concordia social e igualdad de los ciudadanos. Cuando hay disensiones, el rey, o la comisión de nobles dotados de autoridad, debe pronunciar su *themisté* (opinión sobre lo que es justo). La multitud de espectadores sigue el proceso, apoyando con gritos al que quiere favorecer, para que, de ese modo, el rey conozca la opinión del pueblo y la interprete como la voluntad de Zeus. Éste castigará, si es mala, al pueblo con pestes. Así la justicia está en manos de los reyes, pero al actuar implican a todos los miembros de la polis.

En una comunidad, una polis, como Tespias, centro principal de Beocia, a cinco kilómetros de Ascra, gobernada por nobles, a los que él llama reyes, vive Hesíodo, pero el poeta no habla de leyes porque Grecia está saliendo aún del analfabetismo y no hay aún leyes escritas sino *nomoi,* costumbres fijas en las que se basan los «jueces» para dar sus *themistés*. De ahí la insistencia de Hesíodo en que no debe dominar el derecho del fuerte, ilustrado con la fábula del halcón y el ruiseñor *(Tr.* 202, 276), pues lo que diferencia al hombre de los animales es el sentimiento de *dike* (justicia), emparentado con *aidós* (respeto).

Con el surgimiento de la polis, sucumbe el prototipo heroico de «ser el mejor en la lucha y en el ágora» y aparecen nuevas técnicas y tácticas basadas en el nuevo ejército de hoplitas. Por ello, la aristocracia noble promueve un nuevo ideal para destacarse del resto: la *kalokagathia,* armonía física y calidad moral, que se consigue a través de symposia, palestra, etc., a los que podrán acudir quienes dispongan del tiempo libre necesario. De este modo el deporte deja de ser un complemento de los juegos fúnebres y se convierte en elemento distintivo entre aristócratas y plebeyos, como puede apreciarse en los primeros juegos olímpicos (776 a.C.).

Sin embargo, frente a éstos, se levanta la voz de Alceo que canta al dinero y, sobre todo, la de Hesíodo en defensa del trabajo como camino para llegar a la meta que es la justicia. Para el poeta, el hombre debe someterse a la dura ley que gobierna su relación con los dioses, puesto que el trabajo es muy apreciado por ellos *(Tr.* 309). De ahí que, a partir de este momento, se propongan dos concepciones antinómicas del trabajo: la que lo considera esencia misma del hombre (sociedad industrial y rural) y la que lo tiene por abyecto y propio de esclavos (aristocracia).

2. La patria de Hesíodo: Beocia[1]

Situada en el centro de Grecia, tiene como principales vías de comunicación, hacia el norte: el valle del Cefiso; hacia el Ática: el Citerón y Partenio, y hacia Calcis: el estrecho del Euripo, por el que debió de llegar el alfabeto, ya que sus contactos con Oriente eran frecuentes, de modo que se piensa que Al-Mina (base comercial en la costa siria, en la desembocadura del Orontes) fuera fundación suya y por ella entraran los elementos orientales que refleja la obra de Hesíodo.

La caída del imperio micénico no afecta a la población de Beocia, sino que sus habitantes se mezclan con los invasores. A finales del segundo milenio, algunos grupos emigran en busca de mejores condiciones de vida y se establecen en Cime, en la costa de Asia Menor. Las antiguas fortalezas micénicas se convierten, en gran parte, en sede de los nuevos señores y en torno a ellas se establecen algunos núcleos de población, pero la mayor parte

---

1. Para mayor información, cf. Roberts, W. R.: *The Ancient Beotians and the Coinage of Beotia,* Chicago, Ares, 1974, y Vian, F.: *Les origines de Thebes, Cadmos et les Spartes,* París, Klincksieck, 1963.

viven dispersos por el campo. En época de paz, la aristocracia se manifiesta en la actividad judicial, dirimiendo pleitos, con lo que aumenta el poder frente al campesino, que va siendo cada vez más pobre por el retraso técnico y la superpoblación. El paisano de Hesíodo es un pequeño propietario, un hombre que posee un mínimo (*Tr.* 405): una casa, una mujer y un buey de labranza, por lo que, si no saca lo suficiente, está condenado a recurrir a los servicios de sus vecinos. Su carácter agrícola se ve reflejado en las espigas de sus monedas y en lo vivo que permanece el culto a Deméter y Dioniso.

Sin embargo, el mayor problema en toda su historia parece que fue el de las luchas internas, pues, en teoría, había existido desde los tiempos primitivos una liga beocia, pero el deseo de Tebas de ocupar una posición predominante en la misma y la oposición de Orcómeno habían impedido que se comportara como tal, y así puede verse reflejado en las monedas beocias.

En época de Hesíodo no es particularmente próspera, pero tampoco es tan pobre como el Ática de Solón; de ahí que no necesite conquistas ni colonización. No obstante, el descontento por los medios de vida con que contaban asalariados y campesinos se generaliza y hace que se levanten voces como la de Hesíodo. No se establece la tiranía, propia de centros con economía de mercado, no de regiones agrícolas a las que llega con enorme retraso la conciencia de sus derechos civiles y de su poder político. El régimen oligárquico estaba muy enraizado y se había cuidado de establecer las oportunas medidas para que las pequeñas propiedades no sufrieran ulteriores amenazas. De este modo la única revolución posible era de tipo religioso y se llevó a cabo después de Hesíodo a través de Dioniso y el orfismo.

El poder y la cultura en época de Hesíodo están en manos de los nobles terratenientes. A los campesinos les queda una considerable independencia espiritual y jurídica: se reúnen cada día en el mercado y discuten sus asuntos privados y públicos. Para M. Détienne[2], el poema de Hesíodo pudo ser escrito para ser recitado en este tipo de reuniones, teniendo presente que lo que serían reivindicaciones sociales en Hesíodo eran más bien exigencias religiosas por ser la agricultura una actividad esencialmente religiosa.

3. Obra de Hesíodo

La poesía didáctica

Si bien la propia *Odisea,* con su canto al *lógos,* muestra un cambio respecto al ideal heroico de la *Ilíada,* es, sin embargo, la obra de Hesíodo la primera que manifiesta palpablemente una nueva situación, al defender como elementos básicos de la convivencia «el trabajo y la justicia», aunque utilice para su canto casi los mismos elementos formales que su predecesor Homero. En su deseo de evitar que se produzca con excesiva violencia la ruptura que se está fraguando en la sociedad de su tiempo, el poeta crea este nuevo género que no busca ya can-

---

2. Détienne, M.: *Crise agraire et attitude religieuse chez Hésiode,* Bruselas, 1963.

tar glorias de héroes en la guerra, sino enseñar los elementos básicos para la paz.

Ahora bien, la similitud formal de las obras de ambos poetas hace pensar en que, aunque su actividad sea independiente, los dos recogen una tradición que se remonta a la Koiné cultural de la última época micénica, que evoluciona de diferente modo en Beocia y en Jonia a lo largo de la época oscura. Por otra parte, aparecen en Hesíodo signos de una tradición oral independiente de Homero, por ejemplo, en las genealogías y mitos cosmológicos, que apuntan a influjos orientales. El profesor Fernández Delgado[3] indica cómo se ha estudiado la posible existencia de una poesía de diferente signo o «géneros» distintos del homérico, destinados a otro tipo de público. A ella pertenecerían obras como la de Hesíodo o los himnos homéricos destinados posiblemente a una celebración religiosa. Si bien no se ha hecho un estudio a fondo de la posible dicción formular de este tipo de poesía, sin embargo se ha puesto de relieve la presencia de rasgos tradicionalmente inherentes a la expresión de la poesía gnómica. Los datos manejados ofrecen, según el profesor Fernández Delgado, coincidencias muy interesantes en relación con una posible tradición de poesía oral continental (no homérica) que abarcaría la poesía beocia (o hesiódica), los himnos homéricos y la poesía oracular. A modo de ejemplo, cita la enorme frecuencia de la palabra *aner* en *Trabajos y días,* que se debería a que la poesía gnómica,

---

3. Fernández Delgado, J. A.: *La poesía gnómica griega, una forma de expresión de la antigua poesía de composición oral,* Salamanca, 1976.

más que cualquier otra, es creación del hombre y para el hombre.

Homero y Hesíodo

Aunque el metro y la lengua poética estén muy próximos, sus universos son totalmente opuestos. La obra homérica refleja el mundo de los nobles y su cultura, ensalzando al héroe que combate del modo más valiente en la guerra en busca de la gloria. Hesíodo, en cambio, pinta la vida campesina de Beocia, valorando el heroísmo de los trabajadores que luchan, tenaz y silenciosamente, con la dura tierra para conseguir algo con que alimentar a su familia (cf. Heródoto VII, 102).

En el propio prólogo de su obra, Hesíodo deja clara su oposición al poeta jónico, al presentarse como depositario de un conocimiento supremo, como discípulo de las musas con la misión de decir la verdad.

En contraste con Homero, que muestra la Grecia épica y colectiva, Hesíodo adopta posturas personalísimas ante los problemas trascendentes que preocupan al hombre: el mundo, la divinidad.

Obras

Los estudiosos de Hesíodo reconocen sólo como auténticas: *Teogonía* (origen del mundo y de los dioses, como hechos que llevan al orden actual del mundo) y *Trabajos y días* (canto al trabajo y consejos sobre el modo de realizarlo).

Junto a ellas hay muchas otras que la tradición ha transmitido ligadas, de algún modo, al poeta beocio. Entre ellas M. L. West[4] destaca:

- *Escudo:* descripción, en 480 versos, de la lucha de Heracles con el bandido Cicno, hijo de Ares.
- *Catálogo de las mujeres:* genealogía humana, continuación de la divina de la *Teogonía*. Consideraciones históricas y lingüísticas llevan a M. L. West a situarlo en el siglo VI.
- *Grandes Eeas:* similar a la anterior.
- *Melampodía:* información sobre diversos adivinos: Melampo, Tiresias, Calcante, Mopso, Anfíloco y, probablemente, más.
- *Bodas de Ceix:* episodio de la vida de Heracles.
- *Egimio:* sobre Ío y sus descendientes, así como Egimio (ayudado por Heracles en su lucha contra los centauros, a su regreso adopta a Hilo, hijo de Heracles, y le da parte del reino).
- *Descenso de Pirítoo:* bajada al Hades, junto con Teseo, para tomar a Persófone por esposa.
- *Preceptos de Quirón:* enseñanzas de Quirón a Aquiles.
- *Astronomía:* ciclos de las principales constelaciones.

P. Vianello[5] hace un análisis de las principales tendencias de los estudiosos de Hesíodo del siglo XX y destaca las siguientes:

---

4. West, M. L.: «La formación cultural de la polis y de la poesía de Hesíodo», tomo I, cap. III-2, de *Historia y civilización de los griegos*, dirigida por B. Bandinelli, Barcelona, Icaria, 1978.
5. Vianello de Córdoba, P.: *Hesíodo, Teogonía*, México, UNAM, 1978.

1. Descubrir el elemento o la estructura que puede dar un sentido coherente y unitario a la obra: concepción de Zeus y la idea de un progresivo desarrollo del mundo desde un estado originario de desorden y violencia a uno de orden y justicia.
2. Ver la conexión entre la obra de Hesíodo y la producción literaria y mitológica en Grecia y otras culturas relacionadas con ella.
3. Estudiar el lugar de Hesíodo en la poesía oral griega.
4. Dejar clara la relación de Hesíodo con el ambiente social que le rodea.
5. Señalar su influjo en otros autores.

Pensamiento de Hesíodo

Toda su concepción del mundo se apoya sobre bases religiosas. La vida se compone de cosas que deben aceptarse porque así lo disponen los dioses. La voluntad de éstos se puede identificar con la de Zeus, que es el soberano y ocupa la primacía como dispensador de justicia. Junto a él ocupan lugares destacados Deméter y Dioniso, por su relación con el mundo campesino, y Hécate por el alto grado de superstición que rodea a ese mundo rural. Como principio básico, motor de toda actuación, sitúa al Amor, representado por tres entidades:

- *Eros:* principio cosmogónico, concreto, que permite la relación entre las partes del cosmos y entre los dioses.

- *Afrodita:* amor propiamente dicho, fenómeno amoroso en todas sus manifestaciones que está bajo el amparo de la benevolencia divina.
- *Filotes* (afecto): encarnación de la necesidad física y unión sexual.

Gracias a Zeus el mundo es algo ordenado, con tres estamentos íntimamente relacionados entre sí: dioses, naturaleza y hombres, que poseen, todos ellos, los elementos clave para el buen funcionamiento: *eris* (emulación), *areté* (virtud) y *aidós* (respeto), pero, sin embargo, también tienen junto a estos bienes algunos males, entre los que destaca el ocio, que es el mayor delito social, por lo que, cuando éste perturba el orden, debe actuar Zeus, garante de la justicia, y restablecer el equilibrio.

Esa lucha constante por la justicia y esa profesión de fe en ella como remedio de todas las desgracias constituyen quizá la mayor novedad de Hesíodo frente a Homero. Abre, pues, el poeta beocio una tradición que continuarán, entre otros, Solón, Esquilo y los filósofos posteriores.

Como ejemplo de ese triunfo de Zeus sobre la rebelión y el desorden emplea el poeta, tanto en *Teogonía* (vv. 535-616) como en *Trabajos y días* (vv. 42-105), el mito de Prometeo, cuya importancia, tanto en la literatura griega (Esquilo, Platón, cínicos, Esopo, Babrio, Aristófanes, Luciano...) como en las literaturas posteriores (Bruno, Ronsard, Bacon, Goethe, Shelley, Leopardi, Camus, Gide, D'Ors...), se puede ver en cualquiera de los trabajos indicados en la nota[6].

---

6. Duchemin, J.: *Prométhée, Histoire du mythe, de ses origines orientales à ses incarnations modernes,* París, 1979; García Gual, C.: *Prome-*

4. El poema teogónico de Hesíodo[7]

Aunque al hacer un desarrollo de tipo asociativo abundan las digresiones y se pierde, a su vez, la idea de unidad, sin embargo el conjunto se ordena en torno a una sucesión de divinidades, marcada por la violencia y que acaba en el triunfo final de Zeus, que instaura un reino nuevo, con lo que se ve la originalidad de Hesíodo en ese esfuerzo por introducir en la herencia mítica un cierto orden moral, resaltando el triunfo de Zeus.

En torno a ese núcleo se elabora el resto de la obra a base de:

a) *Mitos:* Prometeo, destronamiento de Urano y Crono, castración de Urano, Tifón, etc., que presentan gran similitud con los de otras literaturas.
b) *Genealogías* que tratan de explicar las relaciones entre las distintas clases de seres a los que Hesíodo llama «dioses» y que M. L. West en su introducción a la *Teogonía* de este poeta (cf. bibliografía *infra*) agrupa del modo siguiente:

---

teo, mito y tragedia, Ed. Peralta, 1979 (última ed.: Madrid, Hiperión, 1994); Gil, L.: «El cinismo y la remodelación de los arquetipos culturales griegos», *Rev. Universidad Complutense de Madrid,* 1980 (81), pp. 43 ss.; Trousson, R.: *La Thème de Prométhée dans la littérature européenne,* Ginebra, Droz, 1964.
7. Puede verse su relación con otras culturas en: Bernabé, A.: *Textos literarios hetitas,* Madrid, Alianza Edit., 1987; Bernárdez, E.: *Textos mitológicos de los Eddas,* Madrid, Edit. Nacional, 1982; Caquot, A., y Sznycer, M.: *Ugaritic Religion,* Leiden, Brill, 1980; Pritchard, J. B.: *Ancient Near Eastern Texts,* Princeton, 1950; Schwabl, H.: *Éléments Orientaux dans la Religion grecque ancienne,* París, 1960.

1. *Dioses del culto:* Zeus, Apolo, Ártemis, Anfítrite, Hécate, Prometeo.
2. *Dioses de mitología:* Tetis, Febo, Coto, Giges, Hespérides, Fix, Tifeo, Atlas, Epimeteo.
3. *No conocidos en mito ni en culto:* Taumante, Ceto, Astreo, Perses, etc. Algunos deben de ser invención de Hesíodo o sus predecesores con esta finalidad.
4. *Miembros individuales o gremios divinos:* Ninfas, Nereidas, Horas, Gracias, Cíclopes, Musas, Moiras, Erinias.
5. *Elementos del mundo visible:* Urano, Ponto, Éter, Nyx, Montañas, Estrellas, Ríos...
6. *Abstracciones:* muerte, sueño, victoria, etc., que en épocas de Hesíodo no deben entenderse como tales abstracciones, sino como seres invisibles, imperecederos, con gran influencia sobre los asuntos humanos.

Elementos primordiales de la sucesión son: *Tierra,* soporte de los demás seres; *Caos,* donde ella yace, y *Eros,* motor creador. Éstos son también los tres elementos esenciales de una doctrina racional del devenir: Caos (espacio vacío), tierra y cielo (fundamento y cubierta del mundo) y Eros (fuerza originaria, animadora y creadora del cosmos).

Como la tierra es sólida y visible, de ella proceden todas las partes del mundo que tienen esas características (cielo, mar, montañas, estrellas), junto con los dioses del culto. Del Caos, en cambio, como es oscuro e intangible, surgen Érebo, Noche y casi todas las abstracciones. De este modo se pueden ver tres árboles genealógicos: el de la Noche, el de Urano-Gea y el de Mar-Gea, hasta llegar a los dioses jóvenes cuya genealogía está predeterminada por unos mitos firmemente establecidos. M. L. West ejemplifica, mediante el siguiente análisis de la progenie de la *Noche,* los diferentes tipos de lógica que han influido en la composición de las genealogías:

1. Es madre del día porque el día sale de la noche (cf. argumento de contrarios del *Fedón* platónico).
2. Es madre de la muerte porque las dos son de naturaleza similar.
3. Es madre del sueño (dormir) porque éste es hermano de la muerte y se practica de noche.
4. Es madre de los sueños (soñar) porque se producen de noche.
5. Es madre de Dolor, Némesis y Contienda porque son oscuras.
6. Es madre de las Hespérides porque viven, como ella, al oeste.
7. Es madre de las Moiras y Keres por su afinidad con la muerte.
8. Es madre de Engaño y de Sexo porque se practican de noche.

En la transición de dioses a mortales se producen varias combinaciones: padres e hijos divinos, madre mortal (vv. 940-44); padres divinos, hijos mortales (945-62); madres e hijos divinos, padre mortal (969-74); madre divina, padre e hijos mortales (975-1018); padre divino, madre e hijos mortales (catálogo).

Conclusión

Dada la semejanza de los mitos hesiódicos con los fenicios, babilonios, hurritas e hititas, parece claro que Hesíodo recoge tradiciones antiquísimas comunes a todas esas culturas. Estos relatos pudieron, pues, llegarle bien por medio de los fenicios, cuyo comercio es constante con los griegos, sobre todo con Eubea, a través de Al-Mina, bien gracias a las colonias griegas de Asia Menor en las que su padre había habitado, o, incluso, existe la posibilidad de que la tradición se remonte más lejos, a una época prehelénica, y se haya conservado en Beocia, región que mantiene una enorme tradición catalógica.

De las versiones orientales la babilonia parece la más antigua y la más original. Es un reflejo de la historia nacional: el ascenso de Marduk como rey de los dioses se corresponde con el de Babilonia como capital de Mesopotamia (comienzos del segundo milenio). El mito hurrita deriva de Mesopotamia y los fenicios y griegos tienen ciertos elementos comunes con los hurritas que están ausentes de los babilonios. En consecuencia, las concepciones religiosas de Hesíodo se pueden considerar como un producto natural del encuentro de civilizaciones distintas en el área del Egeo; tradiciones indoeuropeas, tradiciones prehelénicas; civilización de Creta minoica, influida por contactos con Egipto; creencias de los macedonios, tracios e ilirios; tradiciones de las otras culturas.

5. Trabajos y días

Muchos y variados han sido los comentarios sobre la autenticidad del poema de Hesíodo.

La crítica de finales del siglo XVIII (Wolf, Wilamowitz, entre otros) y del XIX (Scheman, Kirchoff) consideró el poema como una caótica unión de elementos diversos, sin orden ni ilación, basándose en que no existe un orden sistemático de exposición, sino que se repiten los temas en diferentes lugares.

Es difícil ver la conexión entre partes próximas, pues asuntos importantes se interrumpen para contar cosas al parecer sin importancia.

El siglo XX trae nuevas perspectivas, con nuevos criterios de métodos e interpretación, y Mazon, Van Groningen, Verdenius, Walcot, Nicolai, Schwabl y West insisten en su unidad, pues, al igual que los poemas homéricos, se trata de poesía destinada a ser recitada.

Su estructura es, pues, similar a la de esta poesía: una serie de secuencias o temas diversos que se van encadenando y desarrollando uno tras otro en torno a aquello que a lo largo del poema puede considerarse tema central o general de la obra: justicia y trabajo. Así una estela (IG VII, 4240) votiva encontrada en Hagia Triada en el año 188, fechada en el siglo III a.C., representa a Helicón pronunciando el siguiente oráculo: «A los mortales que obedecen las normas de Hesíodo, eunomía y país rico en frutos». Este doble beneficio se corresponde al doble tema en la obra.

El poeta elige un tema dentro del campo de la leyenda, decide en qué punto va a tomarlo y cómo va a seguirlo y, una vez que tiene trazada la estructura y las ideas a seguir, puede extenderse, abreviar, divagar, volver al sendero inicial.

Así en este poema el poeta decide dar una serie de consejos a su hermano Perses; para ello comienza el relato con una invocación a las Musas; a partir de ella, por los términos en que se dirige a Zeus, podemos ver que justicia y reyes están en su mente, así como una exhortación al trabajo; nada de este proemio indica que vaya a tratar de la agricultura o de la navegación.

A partir del proemio va haciendo surgir una cadena de argumentos que le conducen a la exaltación de la justicia y el trabajo. Trazado el programa, se permite una serie de digresiones, pero siempre vuelve al tema.

Así, para desarrollar aquello que ha indicado a Perses sobre el trabajo, se sirve de un mito con el que indica cómo por voluntad de Zeus desapareció la primitiva vida en la que el hombre no tenía que trabajar. Cuando termina éste, introduce otro para explicar la degradación de la vida desde el paraíso original hasta la época en que él vive. A partir de ese mito plantea el tema de *dike/hybris* y se dirige a los reyes con una fábula que sin duda tenía en su mente desde el comienzo.

Sigue el tema de la justicia, con la ciudad justa e injusta, y, cuando lo cree agotado, vuelve al del trabajo con el tema de los senderos, pero, para terminar éste, decide alargar el poema presentando a Perses como granjero al que enseña el calendario que empieza y termina con el ciclo del cereal. Concluido éste, sigue el calendario de la navegación y una serie de preceptos sociales. De este modo encaja una serie de digresiones formando un todo.

Al final, desde el verso 765, hay una nueva parte sobre los días en la que presenta un cómputo del calendario con un triple esquema, de acuerdo con el calendario lunar: *a)* sucesión de números ordenados del 1 al 30; *b)* división del mes en dos mitades; *c)* división del mes en tres décadas. En esta distribución el autor se limita a indicar lo favorable o desfavorable en cada día sin asignarlo a un mes determinado.

6. Escudo

Para Aristófanes de Bizancio es una obra de un aedo que pretende rivalizar con la descripción homérica del escudo de Aquiles, a la vez que intenta celebrar el santuario de Apolo Pagaseo y recordar una tradición local relativa a la fiesta del dios. Toma esta leyenda por ser la única en que Heracles combate con armadura completa de guerrero épico y no con la maza, como es habitual en él.

El examen del texto manifiesta claramente la diferencia de estilo entre los 56 primeros versos tomados de las *Eeas* de Hesíodo y el resto, que es una de las múltiples muestras del «perpetuo devenir de los poemas épicos griegos».

Su composición debe fecharse entre 590 y 560 a.C., pues la fama del templo de Apolo data del fin de la Guerra Sagrada (596) y del establecimiento en Feras de unos príncipes poderosos. Por otra parte, en el vaso François aparecen los nombres de los centauros y lapitas tomados de este poema, con el error de interpretar como nombre uno de los epítetos.

La patria del autor debe de ser Tebas, porque celebra a un héroe tebano y porque la ciudad representada en el escudo recuerda la imagen de la ciudad de las siete puertas.

7. Certamen

Su forma actual es no muy posterior a la muerte de Adriano (siglo II d.C.), al que menciona, pero parece que esta versión se basa en una anterior del sofista Alcidamante (400 a.C.), a la que se ha unido abundante material sobre la vida de Homero, extraído, probablemente, de las mismas fuentes que manejó Heródoto para su información sobre el poeta.

Por otra parte, el que Aristófanes en *La Paz* (vv. 1282-83 y 1286-87), representada en 421 a.C., cite versos de este relato indica que Alcidamante no hace sino recoger una tradición más antigua. Es muy probable que se trate de uno de los típicos ejercicios escolares de enfrentamiento retórico que tomó como base el pasaje de *Trabajos,* 656-659.

Con finalidad didáctico-moralizadora, intenta demostrar, mediante un enfrentamiento entre la poesía épica de Homero y la didáctica de Hesíodo, la superioridad de esta última por cantar los trabajos pacíficos de los hombres.

Adelaida Martín Sánchez
María Ángeles Martín Sánchez

Bibliografía

ARRIGHETTI, G.: *Esiodo, Teogonia, introduzione, traduzione e note*, Milán, Rizzoli, 1984.
AUSTIN, M. M., y VIDAL NAQUET, P.: *Economic and Social History of Ancient Greece*, Londres, B. T. Bastford Ltd., 1977.
BONA QUAGLIA, L.: *Gli «Erga» di Esiodo*, Turín, G. Giappichelli, 1973.
BURN, A. R.: *The World of Hesiod*, Londres, 1936.
CODINO, F.: *Le Opere e i Giorni* (trad.), Roma, Ed. dell'Elefante, 1977.
COLONNA, A.: *Hesiodi: opera et dies*, Milán, Istituto Editoriale Ciaslpino, 1959.
CORNFORD, F.: *Greek Religious Thought from Homer to the age of Alexander*, Londres, 1950.
EVELYN-WHITE, H. G.: *Hesiod, the Homeric Hymns and Homerica*, Londres, 1950.
FRITZ, K. VON, *et alii*: «Hésiode et son influence, six exposés et discussions», *Entretiens sur l'Antiquité classique VII*, Ginebra, Vandoeuvres, 5-10 septiembre 1960.
GERNET, L.: *Antropología de la Grecia antigua*, Madrid, Taurus, 1981.
GRIMAL, P.: *Diccionario de la Mitología griega y romana*, Barcelona, Paidós, 1982.
HAMILTON, R.: *Hesiod's Theogony*, Bryn Mawr College, 1981.
HEAT, M.: «Hesiod's didactic poetry», *The Classical Quarterly*, XXXV, 2, 1985, 245-64.
HOFINGER, M.: *Études sur le vocabulaire du Grec archaïque*, Leiden, Brill, 1981.
— «Le logos hésiodique des races. Les Travaux et les Jours, vers. 106-201», *ACL*, 1981, 404-416.
JAEGER, W.: *Paideia*, México, Fondo de Cultura Económica, 1968.
JANKO, R.: *Homer, Hesiod and the Hymns*, Cambridge Univ. Press, 1982.

LATTIMORE, R.: *Hesiod: The Works and Days, Theogony, The Shield of Herakles,* The University of Michigan Press, 1959.
MARTÍNEZ DÍEZ, A. y A. PÉREZ JIMÉNEZ: *Hesíodo: obras y fragmentos,* Madrid, Gredos, 1978.
MAZON, P.: *Hésiode, Théogonie, Les Travaux et les Jours, Le Bouclier,* París, Les Belles Lettres, 1982.
NICOLAI, W.: *Hesiod's Erga,* Heidelberg, 1964.
PÉREZ JIMÉNEZ, A.: *Hesíodo: Teogonía, Trabajos y días,* Barcelona, Bruguera, 1975.
PERTUSI, A.: *Scholia vetera in Hesiodi opera et dies,* Milán, 1956.
RUIPÉREZ, M.: «Historia de Themis en Homero», *Emérita,* XXVIII, 1960, 99 ss.
RUSSO, C. F.: *Scutum: introduzione, testo critico e commento, con traduzione e note,* Florencia, La Nuova Italia, 1950.
RZACH, A.: *Hesiodi Carmina,* Teubner, 1958.
SCHWABL, H.: *Hesiod's Theogonie,* Viena, 1966.
SEGALÁ Y ESTALELLA, L.: *Hesíodo: la Teogonía,* Barcelona, Teorema, 1986.
SINCLAIR, T. A.: *Hesiod, Works and Days,* Londres, 1932.
SOLMSEN, F.: *Hesiodi, Theogonia, Opera et Dies, Scutum,* Oxford, 1984.
— *Hesiod and Aeschylus,* Nueva York, Cornell Univ. Press, 1949.
STRUVE, V. V.: *Historia de la Antigua Grecia,* Madrid, 1974.
TEBBEN, J. R.: *Hesiod-Konkordanz. A computer concordance to Hesiod,* Nueva York, 1977.
VERDENIUS, W. J.: *A Commentary on Hesiod Works and Days,* VV. I-382, Leiden, 1985.
— «L'association des idées comme principe de composition dans Homère, Hésiode, Théogonie», *Revue des Études Grecques,* LXXIII, 1960, 345-361.
VERNANT, J. P.: *Mito y sociedad en la Grecia antigua,* Madrid, Siglo XXI, 1982.
— *Mito y pensamiento en la Grecia antigua,* Barcelona, 1973.
— *Los orígenes del pensamiento griego,* EUDEBA, 1983.
VIANELLO DE CÓRDOBA, P.: *Hesíodo: los trabajos y los días,* México, UNAM, 1979.
WALCOT, B.: *Hesiod and the Near East,* Cardiff, 1966.
WEST, M. L.: *Hesiod, Works and Days,* Oxford, 1978.
— *Hesiod, Theogony,* Oxford, 1966.
— «Hesiod's Titans», *The Journal of Hellenic Studies,* CV, 1985, 174 ss.
WILAMOWITZ-MOELLENDORF, W. VON: *Hesíodo's Erga,* Berlín, 1962.

Teogonía[1]

Estructura

A) 1-115: Proemio (a modo de súplica).
   1-36: Presentación de las Musas y dioses a las que ellas celebran *(epíclesis)*.
   37-115: Alabanza de las Musas. Invocación.
B) 116-125: Cosmogonía.
C) 126-210: Primera generación de dioses: hijos de Gea y Urano (126-153); castración de Urano (154-210).
D) 211-239: Segunda generación de dioses. En ella se incluyen los hijos de la Noche, Eris, Gea y Ponto.
E) 240-616: Tercera generación de dioses. Abarca: descendientes de los hijos de Ponto: Nereidas (240-64), hijos de Taumante (265-9), hijos de Forcis y Ceto (270-336); descendientes de los hijos de Urano: de Tetis y Océano (337-70); de Tea e Hiperión (371-4); de Crío y Euribia (375-88), con digresión sobre Estigia (389-403); de Febe y Ceo (404-29), seguida de himno a Hécate (429-52); de Crono y Rea (453-506), con nacimiento de Zeus; de Jápeto y Clímene (507-35), con mito de Prometeo (536-616).
F) 617-885: Ascenso de Zeus al poder: Titanomaquia (617-719); descripción del mundo subterráneo (720-819); Tifón: nacimiento; Tifomaquia, hijos de Tifón (820-85).
G) 886-962: Cuarta generación de dioses, con la consolidación del poder de Zeus, mediante siete matrimonios (886-923), y nacimiento de los hijos partenogenéticos (924-9); hijos de Posidón y Ares (930-7); otros hijos de Zeus (938-44); otros matrimonios divinos (945-62).
H) 963-1018: Catálogo de héroes.
I) 1019-1022: Proemio de catálogo de heroínas.

[Proemio]

Comencemos nuestro canto por las Musas[2] Heliconíadas, que habitan la montaña grande y divina del Helicón, donde en torno a la sombría fuente y al altar del muy poderoso Cronión con sus delicados pies danzan[3]. Tras haber bañado su suave piel en el Permeso, o en la Hipocrene[4], o en

---

1. *(de la p. 31)*. «Origen de los dioses.» Este título, como recoge West en su introducción a esta obra de Hesíodo, no aparece atestiguado hasta Crisipo.
2. Musas del Helicón / del Olimpo / Piérides: se supone que los tracios que habitaban en torno al Olimpo antes de la llegada de los macedonios llevaron el culto de las Musas desde allí al Helicón (cf. *Musas* en Glosario *infra*).
3. La danza en corro está atestiguada como una de las más antiguas asociada con fuentes y altares. Posiblemente se tratara de un rito de magia simpática, intentando asegurar el fluir continuo del agua.
4. Así llamada por haber surgido por la patada de un caballo. Más tarde se dice que el caballo fue Pegaso (cf. Paus. IX, 31, 3).

el divino Olmeo, en la cima del Helicón organizan bellos coros que llenan de placer y sobre sus pies flotan.

Desde allí, cubiertas por abundante bruma, de noche,
10 al avanzar, dejan oír su hermosa voz, mientras celebran a Zeus, portador de la égida[5]; a la venerable Hera Argiva, que con sandalias de oro camina; a Atenea, de ojos verdes, hija de Zeus, portadora de la égida; a Febo Apolo; a
15 la flechadora Ártemis; a Posidón, que recorre la tierra sacudiéndola; a la venerable Temis; a Afrodita, de vivos ojos; a Hebe, coronada de oro; a la bella Dione; a Eos; al gran Helio; a la brillante Selene; a Letó; a Jápeto; al astu-
20 to Crono; a Gea; al espacioso Océano; a la negra noche y al sagrado linaje de los demás sempiternos inmortales[6].

Las Musas precisamente en cierta ocasión enseñaron un bello canto a Hesíodo mientras apacentaba sus corderos al pie del divino Helicón. He aquí las palabras que
25 en primer lugar me dijeron las diosas, las Musas olímpicas, hijas de Zeus, portador de la égida[7]:

5. Escudo de piel de cabra (según algunos, la piel de la cabra Amaltea), atributo de Zeus y Atenea, aunque también la emplean otros dioses, bordeado de serpientes y con la cabeza de la Gorgona en el centro, obra de Hefesto (cf. *Il.* XV, 307 ss.).
6. Esta relación de dioses citada por Hesíodo sugiere que no está pensando en el catálogo que va a incluir después, sino en el tradicional: Zeus-su esposa Hera-sus hijos (Atenea, Apolo, Ártemis)-su hermano Posidón-otra esposa de Zeus, Temis, y, asociada a ella, Afrodita, que, a su vez, sugiere a Hebe y Dione (madre de Afrodita en Homero, *Il.* V, 370), quien hace recordar, por un lado, a Eos, y ésta a Hélio y Selene, y por otro, lleva a Letó, que, como Titánida, conduce a Jápeto y Crono; éstos, a su vez, llevan a Gea y Océano, y ellos a la primitiva Noche.
7. Sobre esta aparición de las Musas a Hesíodo se han dado distintas interpretaciones. Para unos se trata de un sueño. Otros la comparan con las epifanías divinas descritas por los profetas hebreos (cf. p. e. la de Moisés) y hablan de pura convención literaria, por coincidir casi

«Pastores rústicos, oprobiosos seres, sólo estómagos,
sabemos decir muchas mentiras semejantes a verdades,
pero sabemos, cuando lo deseamos, cantar verdades».

Así dijeron las hijas bien habladas del gran Zeus; me 30
dieron un cetro[8] tras haber cortado un admirable retoño
de florido laurel[9]; me infundieron una voz divina, para
que celebrara lo venidero[10] y lo pasado, y me incitaron a
celebrar el linaje de los felices sempiternos y a cantarles
a ellas mismas siempre al comienzo y al final. Pero ¿qué 35
me importa lo relativo a una encina o a una roca[11]?

siempre las mismas situaciones: una montaña, un pastor o un hombre
rústico que, de repente, es dotado de elocuencia mediante un símbolo.
8. *skeptron*: palabra de la que deriva el español *cetro*: vara, bastón,
insignia y símbolo de autoridad que podían llevar quienes desempeñaban funciones otorgadas por la divinidad (reyes, sacerdotes, profetas, rapsodas, etc.), o quienes, por su especial situación, estaban protegidos por los dioses (heraldos, personas que tomaban la palabra en
la asamblea, etc.) y merecían el respeto de los demás (eran *aidoioi*).
9. Consagrado a Apolo por ser el árbol en que fue transformada Dafne, ninfa de la que el dios estaba enamorado. Se convierte, de ese
modo, en símbolo de la victoria en cuantas artes están bajo la protección de este dios y sus Musas, como el olivo lo es de Zeus y Atenea.
Por su follaje siempre verde, se utiliza también con frecuencia como
símbolo de la eternidad o de la inmortalidad (cf. p. e. su uso el Domingo de Ramos).
10. Se indica así la estrecha conexión entre poesía y profecía, pues
ninguna de ellas es posible sin alguna forma de revelación divina. Aunque por lo general en Grecia el poeta se concentra más en el pasado y,
en cambio, en los hebreos ocupa un lugar prominente la profecía del
futuro (cf. Platón, *Rep.* 392d, 617c, *Carm.* 174a, y, sobre todo, *Ión*).
11. Cf. *Il.* XXII, 126. La interpretación de esta expresión resulta difícil. M. L. West hace un detenido estudio sobre las explicaciones que se
han dado a la misma: relación con la exposición de niños en lugares solitarios debido a la creencia en un nacimiento a partir de árboles o rocas, referencia a oráculos que utilizan árboles o rocas (Dodona, Delfos,
etc.). En todo caso, parece ser un tipo de expresión para indicar que
se está perdiendo el tiempo en lugar de entrar en el tema propuesto.

¡Ea, tú!, comencemos por las Musas, que con sus himnos le alegran en el Olimpo el inmenso corazón al padre Zeus, cantando al unísono el presente, el futuro y el pasado. Incansable fluye de sus bocas su agradable palabra; brilla la morada del resonante padre Zeus, al difundirse la delicada voz de las diosas. Y retumba la cima del nevado Olimpo junto con las moradas de los inmortales[12].

Ellas, lanzando su inmortal sonido, celebraron con su canto primeramente[13], desde el comienzo, el venerado linaje de los dioses, a los que Gea y el amplio Urano engendraron, y a los que nacieron de éstos, los dioses dispensadores de bienes. En segundo lugar a Zeus, padre de dioses y hombres, tanto al empezar como al terminar su canto, celebran las diosas, con cuánto es el mejor de los dioses y el más grande por su poder. Finalmente, cantando el linaje de los hombres y de los poderosos Gigantes, alegran la mente de Zeus dentro del Olimpo las Musas olímpicas, hijas de Zeus, portador de la égida.

A ellas, como olvido de males y remedio de preocupaciones, las engendró, uniéndose al padre Crónida, Mnemósine, que reina en las colinas de Eleuter. Con ella nueve noches se unió el prudente Zeus subiendo a su sagrado

---

12. Los dioses tienen sus casas individuales en el Olimpo, donde han sido construidas por Hefesto (*Il.* I, 607-8, *Il.* XI, 76). La casa de Zeus ocupa la cima más alta, como el palacio del rey en la ciudad micénica.
13. De esta manera indica el poeta el orden en que va a desarrollar los temas de su obra: los dioses desde su comienzo y sus descendientes (vv. 116-617), poder de Zeus (vv. 618-885), género humano (vv. 965-final).

lecho, lejos de los inmortales. Cuando ya era el tiempo debido y las estaciones volvieron, al pasar de los meses, y se cumplieron muchos días, ésta dio a luz, a poca distancia de la cima del nevado Olimpo, nueve muchachas de disposición semejante, que sólo se ocupan del canto, por tener en sus pechos un ánimo libre de preocupaciones. Allí espléndidos coros y hermosas moradas tienen. Junto a ellas viven, entre fiestas, las Gracias e Hímero. Con hechicera voz cantan y celebran las ordenanzas y prudentes costumbres de todos los inmortales.

Aquéllas iban entonces al Olimpo, orgullosas de su bella voz, de su inmortal canto. A su alrededor resonaba, al son de sus melodías, la negra tierra, y un agradable fragor surgía de sus pies cuando marchaban junto a su padre. Él en el cielo reina, dueño del trueno y del ignífero rayo, desde que venció con su poder al padre Crono; distribuyó con perfecta equidad todo entre los inmortales y fijó sus esferas de influencia.

Eso cantaban, naturalmente, las Musas que ocupaban las moradas olímpicas, las nueve hijas del gran Zeus, Clío, Euterpe, Talía, Melpómene, Terpsícore, Erato, Polimnia, Urania y Calíope. Ésta es la más destacada de todas, pues acompaña a los venerables reyes.

Al que honran las hijas del poderoso Zeus y ven que desciende de los reyes vástagos de Zeus, le derraman sobre su lengua una dulce gota de miel[14] y suaves palabras

---

14. Para los hebreos aparece asociada con la verdadera profecía. Los órficos la consideran símbolo de la sabiduría. Unida a la leche, era para los antiguos lo más suave y perfecto que había producido la naturaleza para la alimentación humana, por lo que era el alimento ideal de la Edad de Oro.

85 fluyen de su boca, de modo que todos hacia él dirigen su vista cuando interpretan las leyes divinas con rectas sentencias[15]; y él, hablando de un modo firme, resuelve con rapidez y sabiduría incluso una gran disputa. Por eso, en efecto, los reyes son sensatos, porque a las gentes que su-
90 fren ofensas en el ágora fácilmente restituyen, persuadiéndoles con suaves palabras. Y, cuando sube al tribunal como un dios, intentan aplacarlo con delicada reverencia y él destaca entre los reunidos. ¡Tal es el sagrado regalo de las Musas a los hombres!
95 De las Musas y del flechador Apolo proceden los cantores y los citaristas que hay sobre la tierra; de Zeus los reyes. ¡Feliz aquel a quien las Musas aman!: dulce fluye la voz de su boca. En efecto, si alguien por una desgracia, en su recién dolorido ánimo, se consume afligido en
100 su corazón, tan pronto como un cantor sirviente de las Musas celebra las hazañas de los antepasados y alaba a los felices dioses que ocupan el Olimpo, al punto se olvida de sus inquietudes y no se acuerda en absoluto de sus preocupaciones. ¡Rápidamente los regalos de los dioses lo hacen cambiar!

---

15. *Dike:* veredicto o sentencia que vuelve a enderezar lo torcido. En época arcaica el rey juzga los crímenes cometidos en el interior de su grupo. Su jurisdicción es sin apelación y juzga según la *themis,* término que, en principio, designaba el asiento que ocupaban los reyes en la asamblea para administrar justicia (cf. M. Ruipérez, art. cit. en Bibl.), y de ahí pasó a significar el «derecho divino» que esos reyes pueden interpretar gracias a las atribuciones conferidas por Zeus mediante el báculo, símbolo de potestad. Ellos conocen así las *themistés* y en el juicio tienen que restablecer su alteración mediante las *díkai* (veredictos que pueden ser rectos o torcidos, según se ajusten o no a las *themistés).*

¡Salud, hijas de Zeus!, concededme un canto conmovedor; celebrad el sagrado linaje de los sempiternos inmortales, los que nacieron de Gea y del estrellado Urano; los de la oscura Noche y los que crió el Salino Ponto. [Decid cómo nacieron al principio los dioses, la tierra, los ríos, el mar sin límites, que furioso se precipita con su oleaje, los brillantes astros y el amplio cielo en lo alto][16], y los que de éstos surgieron, los dioses distribuidores de bienes, cómo se dividieron la riqueza, cómo se distribuyeron las esferas de influencia y cómo, por primera vez, ocuparon el sinuoso Olimpo. Contadme esto, Musas que desde el comienzo habitáis las moradas olímpicas, y decidme lo que hubo antes de ellos.

[Cosmogonía]

En primer lugar existió, realmente, el Caos. Luego Gea, de ancho pecho, sede siempre firme de todos los inmortales que ocupan la cima del nevado Olimpo; [en lo más profundo de la tierra de amplios caminos, el sombrío Tártaro], y Eros, el más bello entre los dioses inmortales, desatador de miembros, que en los pechos de todos los dioses y de todos los hombres su mente y prudente decisión somete.

Del Caos nacieron Érebo y la negra Noche. De la Noche, a su vez, surgieron Éter y Hémera, a los que engendró como fruto de sus amores con Érebo.

---

16. Se consignan entre corchetes los pasajes, versos o palabras de autenticidad discutida. Esta indicación no concierne al título de los epígrafes.

[Primera generación de dioses]

Gea primeramente dio a luz al estrellado Urano, semejante a ella misma, para que la protegiera por todas partes, con el fin de ser así asiento seguro para los felices dioses. También alumbró a las grandes Montañas, agradables moradas de las Ninfas que habitan los abruptos montes. Asimismo trajo a la luz al estéril mar, de impetuosas olas, el Ponto, sin el deseable amor[17].

Después, acostándose con Urano[18], engendró[19] a Océano de profundas corrientes, a Ceo, a Crío, a Hiperión, a Jápeto, a Tea, a Rea, a Temis, a Mnemósine, a Febe, coronada de oro, y a la amable Tetis. Después de éstos nació el más joven, el astuto Crono, el más temible de los hijos, y se llenó de odio hacia su vigoroso padre.

Por otra parte, dio a luz a los Cíclopes de orgulloso pecho, a Brontes, a Estéropes y a Arges, de violento ánimo, que le regalaron a Zeus el trueno y le fabricaron el rayo. És-

---

17. Esta frase se aplica a todos los hijos de la tierra (cielo, montañas y mar). También la Noche tiene hijos por partenogénesis. La base de la distinción es oscura al no estar el Océano en el mismo grupo. Se debería quizá a que para la tierra, al menos para empezar, no había posible esposo y los hijos que tuvo con Urano formarían un grupo especial conectado con el mito de sucesión, frente a los otros.
18. El matrimonio de Tierra y Cielo es un motivo muy común en mitología. La lluvia, que fertiliza la tierra y hace que las cosas crezcan, se considera la simiente del Cielo.
19. Los hijos que aparecen a continuación son los que Urano llama Titanes en 207. Éstos representan una generación de dioses muy vieja, sin apenas actividad en el mundo, pues habitan en el Tártaro (*Te.* 729, *Il.* XIV, 279). Realmente debió de ser un conjunto sin nombres individuales y de número indefinido, que existía desde el comienzo como «dioses formadores», o «dioses del mundo subterráneo», en contraposición con los «dioses del presente y del mundo de arriba».

tos eran semejantes a los dioses en lo demás [pero tenían un solo ojo en medio de su frente]. La denominación de «Cíclope» se debía a que, efectivamente, en su frente había un solo ojo circular. El vigor, la fuerza y los recursos presidían sus obras. Además nacieron de Gea y Urano otros tres hijos enormes y violentos que no se deben nombrar[20], Coto, Briareo, Giges, hijos monstruosos, cien brazos terribles salían de sus hombros, y cincuenta cabezas le habían nacido de los hombros a cada uno, sobre fuertes miembros. En su enorme cuerpo inmensa era la poderosa fuerza.

Pues bien, cuantos nacieron de Gea y Urano, los más terribles de los hijos, estaban irritados con su padre desde el comienzo, pues cada vez que iba a nacer uno de éstos, Urano los ocultaba en el seno de Gea, sin dejarlos salir, y se complacía en su mala acción.

La monstruosa Gea en su interior se lamentaba oprimida y tramó una malvada artimaña. Tras haber creado al punto una especie de blanco acero[21], fabricó una gran hoz y explicó el plan a sus hijos. Les habló valerosa pero afligida en su corazón:

«Hijos míos y de orgulloso padre. Si queréis obedecerme, vengaremos el malvado ultraje de vuestro padre, pues él fue el que empezó a maquinar obras indignas».

---

20. La creencia supersticiosa de que la mención de una palabra se atrae lo que la misma designa hace que se evite la pronunciación de aquellos términos que indican algo no deseado.
21. Este metal comparte con el hierro el epíteto de «blanco» y la calidad de gran dureza. De él estaban hechos el casco de Heracles y parte de su escudo (cf. *Esc.* 137, 231). No aparece en Homero, ni es asequible a los mortales. Por ello, puede ser una palabra acuñada en un tiempo en que el hierro era conocido sólo por rumor y considerado como metal de los dioses.

Así dijo y, como es natural, de todos se apoderó el temor, de modo que ninguno se atrevió a contestar; pero el poderoso Crono, astuto, cobrando ánimo, al punto respondió a su respetable madre: «Madre, te prometo que puedo realizar ese trabajo, puesto que no siento preocupación alguna por nuestro odioso padre, ya que fue el primero en maquinar obras indignas».

De este modo se expresó y la monstruosa Gea mucho se alegró en su mente. Tras ocultarlo, lo colocó para la emboscada; puso en su mano una hoz[22] de agudos dientes y le enseñó todo el engaño.

Vino el poderoso Urano trayendo la noche[23] y deseoso de amor se echó sobre Gea y se extendió por todas las partes. Su hijo desde la emboscada lo alcanzó con la mano izquierda, a la vez que con la derecha tomó la monstruosa hoz, larga, de agudos dientes, y a toda prisa segó los genitales de su padre y los arrojó hacia atrás[24].

---

22. El uso de hoces dentadas es habitual en estas funciones, pues así son, p. e., la de Yolao cuando le ayuda a Heracles contra la Hidra; la de Perseo contra Medusa; la de Zeus contra Tifón; la de Hermes contra Argos. Por otro lado, el uso de la hoz implica la similitud con las funciones agrícolas. Así pues, este utensilio, cuyo uso normal es segar los productos de la tierra, sirve para castigar a quien ha contrariado las leyes naturales impidiendo el desarrollo de lo que él mismo había sembrado.

23. La noche, como símbolo de lo triste, lo odiado, es conducida por Urano, frente a su oponente, el día que es llevada normalmente por Zeus (cf. *Od.* XVIII, 137), pues el Sol aún no existe.

24. El que Deucalión y Pirra tuvieran que arrojar «hacia atrás» las piedras de las que nacerían los hombres, y Orfeo no debiera mirar «hacia atrás» antes de llegar a la tierra, hace pensar en que ese gesto implica una creencia mágica. En este caso intentaría que esos órganos se quedaran «atrás» y no causaran problemas en el futuro.

Éstos verdaderamente no en vano escaparon de su mano, pues cuantas gotas de sangre desprendieron, todas las recogió Gea y, transcurrido el tiempo, dio a luz a las poderosas Erinias, a los grandes Gigantes, resplandecientes con el brillo de sus armas, con largas lanzas en sus manos, y a las Ninfas que llaman Melias en la inmensa tierra. Los genitales, por su parte, cuando, tras haberlos cortado con el acero, los arrojó lejos de la tierra firme en el ponto fuertemente batido por las olas, entonces fueron llevados a través del mar durante mucho tiempo; a ambos lados, blanca espuma[25] surgía del inmortal miembro y, en medio de aquélla, una muchacha se formó.

Primeramente navegó hacia la divina Citera; luego, desde allí, se fue a Chipre, rodeada de corrientes. Salió del mar la respetable bella diosa y bajo sus delicados pies a ambos lados la hierba[26] crecía. Afrodita [diosa nacida de la espuma, y Citerea, ceñida de bella corona] suelen llamarla tanto dioses como hombres, porque en medio de la espuma se formó, pero también Citerea, porque a Citera se dirigió. Ciprogénea, porque nació en Chipre bañada por todos los lados [y Filomédea[27], porque de unos genitales salió].

A ella la acompañó Eros y la siguió el bello Hímero al principio, cuando nació, y luego, cuando se fue junto a la

---

25. El «esperma» de los genitales del dios mutilado.
26. Por tratarse de la diosa del sexo, pues es el símbolo de la fecundidad; de ahí que también sean frecuentes las uniones en campos floridos o que, como se nos dice en *Il.* XIV, 347, durante el coito de Zeus y Hera crezcan la hierba fresca y las flores.
27. *médea:* 'genitales'.

tribu de los dioses. Desde el comienzo esta área de influencia tiene y este destino ha alcanzado entre los hombres y los dioses inmortales: las intimidades con doncellas, las sonrisas, los engaños, el dulce placer, el afecto y la mansedumbre.

A éstos su padre, el poderoso Urano, solía llamarlos Titanes[28], injuriando a los hijos que él mismo engendró, pues acostumbraba a decir que éstos, al intentar vengarse con insensatez, habían realizado una terrible acción por la que después obtendrían venganza.

[Segunda generación de dioses]

La Noche engendró al odioso Moro, a la Negra Ker y a Tánato; también parió a Hipno y dio a luz la tribu de los Sueños[29]. Después la tenebrosa diosa Noche, sin acostarse con nadie, parió a Momo, al doloroso Lamento y a las Hespérides, a cuyo cuidado están, al otro lado del famoso Océano, las hermosas manzanas de oro y los árboles que producen ese fruto.

Asimismo engendró a las Moiras y las Keres, vengadoras despiadadas [a Cloto, a Láquesis y Átropo, que a los mortales les otorgan, al nacer, el bien y el mal], y persi-

---

28. Hesíodo hace aquí un juego de palabras poniendo en relación el nombre de los Titanes con el sustantivo *tisis,* 'venganza', por lo que, si quisiéramos respetar ese juego, tendríamos que decir algo así como: «llamó *vengados* a éstos porque, al intentar vengarse, habían realizado una acción terrible, por la que luego obtendrían la venganza».
29. Luciano (en *Historias verdaderas,* II, 34) habla de dos tipos de Sueños.

guen las faltas tanto de los dioses como de los hombres, sin cesar nunca de su terrible cólera antes de imponer un malvado castigo a quien delinque.

También parió a Némesis, azote para los hombres mortales, la funesta Noche. Después de ésta dio a luz a Engaño, a Afecto y a la funesta Vejez y engendró a la violenta Eris. 225

Por su parte, la odiosa Eris dio a luz a la penosa Fatiga, al Olvido, al Hambre, a los Dolores que hacen llorar, a las Batallas, Luchas, Asesinatos, Masacres de hombres, Riñas, Falsedades, Discursos, Ambigüedades, Mala Ley[30], 230 Ofuscación, amigos íntimos, y a Horco, el que mayor desgracia causa a los hombres de la tierra, cuando alguien voluntariamente comete perjurio.

El Ponto engendró al veraz Nereo, el mayor de sus hijos, al que llaman el anciano, porque, infalible y bondadoso, 235 no le pasan inadvertidas las leyes divinas, sino que conoce los justos y benévolos designios. Luego, uniéndose a Gea, dio a luz al gran Taumante, al poderoso Forcis, a Ceto, de hermosas mejillas, y a Euribia, que tiene un ánimo de acero en sus entrañas.

[Tercera generación de dioses]

Numerosas diosas nacieron en el estéril mar de Nereo y 240 Dóride, de hermosa cabellera, la hija de Océano, río per-

---

30. Ambos conceptos tendrán más tarde un gran papel en Solón, que, en varios aspectos, puede considerarse seguidor de Hesíodo (cf. Solón, frgs. 1 y 3).

fecto[31], Proto, Eucranta, Sao, Anfítrite, Eudora, Tetis, Galena, Glauca, Cimótoa, Espeo, Toa, la amable Halia, Pasítea, Erato, Eunica, de rosados brazos; la graciosa Mélita, Eulímena, Ágave, Doto, Proto, Ferusa, Dinámena, Nesea, Actea, Protomedea, Dóride, Pánope, la bella Galatea, la amable Hipótoa, Hipónoa, de rosados brazos; Cimódoca, la que en el brumoso mar con facilidad calma las olas y los soplos de los tempestuosos vientos, junto con Cimatolega y Anfítrite, de bellos tobillos; Cimo, Éone, Halimeda, de bella corona; la risueña Glaucónoma, Pontoporea, Leágora, Evágora, Laomedea, Pulínoa, Autónoa, Lisianasa Evarna, de agradable figura y de aspecto irreprochable; Psámata de gracioso tipo; la divina Menipa, Neso, Eupompa, Temisto, Prónoa y Nemertes, que tiene la misma inteligencia que su inmortal padre.

Estas cincuenta muchachas, conocedoras de las obras perfectas, nacieron del irreprochable Nereo.

Taumante se casó con Electra, la hija del Océano, de profunda corriente. Ésta dio a luz a la veloz Iris y a las Harpías, de hermosos cabellos, a Aelo y a Ocípeta, que con rápidas alas siguen a los soplos de los vientos y a los pájaros, pues saltan en lo alto.

Ceto, por su parte, engendró con Forcis[32] a las Grayas, de hermosas mejillas, canosas desde su nacimiento, a las

---

31. El círculo se considera símbolo de perfección, porque no se ve ni su principio ni su fin (cf. en español «negocio redondo»). West, sin embargo, piensa que debe entenderse, quizá, más bien en el sentido de «dando vueltas».
32. Forcis, como viejo del mar, y Ceto, por su nombre ('ballena'), son progenitores de monstruos marinos, pero no todos sus hijos son

que ancianas llaman los dioses inmortales y los hombres
que por la tierra caminan; a Penfredo, de hermoso peplo; a Enío, de azafranado manto, y a las Gorgonas, que
habitan al otro lado del famoso Océano, en el límite de
la noche, donde las Hespérides, de armoniosa voz, Esteno, Euríala y la desventurada Medusa. Ésta era mortal,
pero las otras inmortales y exentas de vejez las dos. Con
ella sola yació el de azulada cabellera[33] en el suave prado,
entre primaverales flores[34]. Cuando Perseo le cortó la cabeza surgieron el inmenso Crisaor y el caballo Pegaso.
Éste tuvo este nombre porque nació junto a las fuentes
del Océano, y el otro porque tiene una espada de oro en
sus manos. Aquél, abandonando de un vuelo la tierra,
madre de rebaños, se fue junto a los inmortales y habita
en la morada de Zeus, llevándole el trueno y el rayo al
prudente Zeus. Crisaor engendró al tricéfalo Gerión,
uniéndose a Calírroe, hija del famoso Océano; a éste lo
mató el fuerte Heracles junto a sus bueyes de tornátiles
pies en Eritea, bañada por todas partes, el día en que se
llevó hacia la sagrada Tirinte los bueyes de ancha frente,
atravesando el curso del Océano [tras haber matado a
Orto y al boyero Euritión en el umbroso establo, al otro
lado del famoso Océano].

Ella[35] en una cóncava cueva engendró otro monstruo
extraordinario, en nada semejante a los mortales hom-

---

inmortales. Aparecen entre los descendientes de Ponto, no porque
tengan conexión con el mar, sino porque no pueden estar entre los
descendientes de Urano.
33. Epíteto de Posidón.
34. Cf. n. 26 *supra*.
35. Ceto.

bres ni a los inmortales dioses, la divina Equidna de vigorosa mente, mitad joven de hermosas mejillas y vivos ojos, mitad, por otra parte, terrible serpiente monstruosa, enorme, brillante, salvaje, en las entrañas de la divina
300 tierra. Allí ocupa una cueva bajo cóncava roca lejos de los inmortales dioses y los mortales hombres; allí, en efecto, le dieron los dioses las famosas moradas para que
305 habitara. [Ella, la pérfida Equidna, la muchacha inmortal y siempre joven, fue retenida en el país de los Árimos bajo tierra por siempre. Con ella, con la muchacha de ojos vivos, dicen que se unió amorosamente Tifón, el temible, el insolente, el fuera de la ley, y, embarazada, dio a luz hijos de temible mente; en primer lugar, parió al
310 perro Orto para Gerión, luego tuvo uno extraordinario que no se puede nombrar, el salvaje Cerbero, el perro de broncínea voz de Hades, de cincuenta cabezas, insaciable y feroz; en tercer lugar engendró a la perversa Hidra de Lerna, a la que crió la diosa Hera, de blancos brazos,
315 inmensamente irritada contra el fuerte Heracles. A ella la mató el hijo de Zeus, el Anfitriónida Heracles, con su despiadado bronce, con ayuda del belicoso Yolao, protegido de Ares, por decisión de la rapaz Atenea.

La Hidra alumbró a Quimera, que exhala indómito
320 fuego, terrible, enorme, de rápidos pies y violenta. Tres eran sus cabezas: una de león, de brillantes ojos, otra de cabra y la tercera de serpiente, de poderoso dragón. Delante león, detrás dragón y en medio cabra, que exhala
325 ardiente fuego de terrible fuerza. A ella la mataron Pegaso y el valiente Belerofonte.

Ésta, en efecto, unida a Orto, tuvo la terrible Fix, perdición para los cadmeos, y al león de Nemea, al que

Hera, la ilustre esposa de Zeus, tras haberlo criado, lo puso en las colinas de Nemea, calamidad para los hombres. Allí destruía las tribus de los hombres que habitaban el lugar siendo dueño de Treto, Nemea y Apesante. Pero a él lo venció el vigor del fuerte Heracles.] 330

Ceto, en unión amorosa con Forcis, engendró por último una terrible serpiente que, en los extremos confines, en unas grutas de la sombría tierra, vigila[36] manzanas completamente de oro. 335

Tal es el linaje de Ceto y Forcis.

Tetis[37], con el Océano, dio a luz a los voraginosos Ríos: el Nilo, el Alfeo, el Erídano, de profundos torbellinos; el

---

36. El dragón (la serpiente), por su fuerza, su agilidad y su vista extraordinaria, se considera el símbolo del guardián perfecto para los tesoros (cf. la que custodia el Vellocino, Pitón en Delfos, Equidna, Hidra, Quimera...). Pero tiene, además, una gran variedad de significaciones en la mayoría de los pueblos, por su especial situación dentro del mundo animal: locomoción sin ayuda de patas, vida en agujeros, aspecto externo, mordedura venenosa que también puede utilizarse con fines terapéuticos, mudas de piel... Aparece como animal apotropaico, guardián de recintos sagrados y mundos subterráneos, conductor de almas, símbolo sexual, signo de renovación permanente y, por tanto, de resurrección... (cf. su papel, p. e., en el culto Dionisíaco en las *Bacantes* de Eurípides).

37. Tras los descendientes de Ponto, vuelve Hesíodo a los de Urano y toma en primer lugar a Tetis y Océano, posiblemente porque Océano fue el primero en la lista de Titanes (v. 133), o porque debido a las asociaciones acuáticas tiene más rasgos en común con los grupos de familias precedentes. Los hijos son los ríos, y las hijas, las ninfas de las fuentes y árboles. Este catálogo de ríos da idea de que el autor tenía un sentido muy vago de la geografía. Excepto tres grandes ríos en los confines del mundo: Nilo, Fasis y Erídano, los demás se dividen entre Grecia (Aqueloo, Alfeo, Peneo, Ladón, Haliacmón, Eveno), Asia Menor griega (Meandro, Hermo, Ceco), Tróade (Escamandro, Simunte, Esepo, Reso, Heptáporo, Rodio, Gránico), Tracia egea (Estrimón, Neso) y mar Negro (Istro, Ardesco, Sangario, Partenio). Parece ex-

340 Estrimón, el Meandro, el Istro, de bellas corrientes; el
Fasis, el Reso, el Aqueloo, de plateados remolinos; el Neso, el Rodio, el Haliacmón, el Hectáporo, el Gránico, el Esepo, el divino Simunte, el Peneo, el Hermo, el Ceco, de hermosa corriente; el Gran Sangario, el Ladón, el
345 Partenio, el Eveno, el Ardesco y el divino Escamandro.

También engendró una sagrada estirpe de hijas que en la tierra, con el tutelaje[38] del soberano Apolo y de los Ríos, educan a los niños para que sean hombres por haber recibido de Zeus esa misión: Peito, Admeta, Yanta,
350 Electra, Dóride, Primmo, Urania, semejante a los dioses; Hipo, Clímene, Rodea, Calírroe, Zeuxo, Clitia, Idía, Pisítoa, Plexaura, Galaxaura, la amable Dione, Melóbosis,
355 Toa, la bella Polidora, Cerceis, de gracioso aspecto, Pluto, de ojos de novilla, Perseis, Yanira, Acasta, Janta, la encantadora Petrea, Menesto, Europa, Metis, Eurínome, Telesto, de azafranado manto, Criseida, Asia, la agrada-
360 ble Calipso, Eudora, Tyche, Anfiro, Ocírroe y Estigia, que es la más importante de todas. Éstas son las mayores de las hijas que nacieron del Océano y Tetis, pero hay muchas otras, pues tres mil son las Oceánides de finos
365 tobillos que, muy diseminadas, cuidan de la tierra y de las profundidades del mar por todas las partes por igual,

---

traño encontrar en este catálogo nombres que parecían desconocidos para Hesíodo y, en cambio, no encontrar nombres de ningún río beocio. El modelo debe buscarse en *Il.* XII, 20 ss.

38. Cf. *Od.* XIX, 85 ss., Platón, *Ley.* II, 928. La tutela se extiende para los chicos hasta su mayoría de edad (18 años) y para las chicas hasta su matrimonio. El tutor debe ocuparse de la educación y de todos los intereses de los jóvenes a su cargo, representándolos en las acciones legales. El cumplimiento de estas obligaciones era controlado por los magistrados.

brillantes hijas de diosas. Y otros tantos son también, por su parte, los ríos que ruidosamente fluyen, hijos de Océano, a los que dio a luz la venerable Tetis. Difícil es que un hombre mortal diga el nombre de todos estos, pero conocen cada una de sus peculiaridades quienes a su alrededor habitan.

Tea, dominada por el amor de Hiperión, engendró al gran Helio, a la brillante Selene[39] y a Eos, que luce para todos los que habitan en la Tierra y para los inmortales dioses que ocupan el ancho cielo.

Euribia, divina entre las diosas, uniéndose amorosamente a Crío, dio a luz al gran Astreo, a Palante y a Perses, que sobresalió entre todos por su ciencia.

Eos, con Astreo, uniéndose amorosamente la diosa con el dios, tuvo a los vientos de impetuoso soplo, el purificador Céfiro, el veloz Bóreas y el Noto. Después de éstos, Erigenía engendró al lucero Eósforo, a los brillantes astros y a todo cuanto corona el cielo.

Estigia, la hija de Océano, unida a Palante, parió a Celo y a Nike, de bellos tobillos, en su palacio, y dio también a luz a Cratos y Bía, conspicuos hijos. No está lejos de Zeus su morada y no hay lugar ni camino por donde el Dios no gobierne con aquéllos, sino que siempre están situados junto al resonante Zeus. Así, en efecto, lo decidió la inmortal Oceánide, Estigia, el día en que el Olímpico lanzador de relámpagos convocó a todos los dioses inmortales en el inmenso Olimpo y dijo que a ninguno que le ayudara en la lucha con los Titanes le privaría de

---

[39]. La díada natural (Sol-Luna) se transforma en una tríada mediante la incorporación de Eos (cf. vv. 19, 371).

regalos, sino que cada uno tendría al menos la misma
395 honra que antes entre los dioses inmortales, y dijo que
daría la honra y dignidad, que es lícito, al que hubiera
sido despojado de ellas por Crono.

Fue entonces la primera al Olimpo la inmortal Estigia
400 con sus hijos, por su preocupación por su padre. A ella
la honró Zeus y le dio innumerables regalos, pues estableció que ella fuera el gran juramento[40] de los dioses y
que sus hijos habitaran por siempre con él. Así, como
precisamente lo prometió ante todos, lo cumplió, y él
mismo tiene gran poder y soberanía.

Febe, por su parte, acudió al muy amado lecho de Ceo;
405 luego, la diosa, tras quedar embarazada, dio a luz a Letó,
de oscuro peplo[41], siempre suave, delicada con los hombres e inmortales dioses, suave desde el principio, la más
amable dentro del Olimpo. También parió a la famosa
410 Asteria, a la que en cierta ocasión Perses llevó a su gran
casa para que fuera llamada su esposa.

Ella, al quedar embarazada, trajo al mundo a Hécate, a
la que el Crónida Zeus estimó por encima de todas y le dio
como brillantes regalos participar de la tierra y del estéril

---

40. Cf. *Il.* XV, 38. Estigia es para el juramento de los dioses lo que Horco es para los hombres (v. 231). Los dioses prestan juramento por ella haciendo una libación con su agua. Por tanto, el juramento de los dioses y el de los hombres tienen puntos de contacto: invocación de poderes ctónicos (*Il.* III, 278, y XIX, 259) y asociación de Horco con las Erinias (*Tr.* 803), utilización de fuentes o agua, quizá porque una fuente (manantial) es un lugar habitual de la divinidad ctónica.
41. Debe ser un epíteto cultual. Los vestidos negros están asociados con la muerte o deidades como la Noche, Erinias, etc. Letó no tiene, de ordinario, nada que ver con ellas. Pero hay un culto de Letó Nychia ('nocturna') atestiguado.

mar, pero también obtuvo parte de la honra del estrellado cielo y es especialmente respetada por los inmortales dioses. En efecto, ahora, cada vez que alguno de los hombres sobre la tierra quiere atraerse el favor de los dioses, realizando hermosos sacrificios según costumbre, suele invocar a Hécate. Mucha honra acompaña con facilidad a aquel cuyas súplicas acepta benévola la diosa y le otorga, además, felicidad, puesto que tiene capacidad para ello. Tiene una parte, en efecto, de todo lo que poseen cuantos nacieron de Gea y Urano y consiguieron una esfera de influencia. No ejerció con ella violencia el Crónida, ni le quitó nada de cuanto alcanzó entre los primeros dioses, los Titanes, sino que conserva lo que desde el primer momento obtuvo, y no por ser hija única[42] la diosa participó menos de la esfera de influencia [y gloria en la tierra, en el cielo y en el mar], sino incluso mucho más, puesto que Zeus la honra.

A quien ella desea, en gran manera lo asiste y ayuda; en el juicio se sienta junto a los venerables reyes, y en el ágora hace sobresalir al que quiere; cuando para la destructora guerra se preparan los hombres, entonces la diosa asiste a los que desea otorgar victoria y concederles la gloria. Asimismo es útil cuando los hombres compiten en un certamen, pues también entonces la diosa les asiste y ayuda y, al vencer en fuerza y capacidad, un hermoso premio con facilidad y alegría se lleva y a sus padres da

---

42. Cf. Hrdto. III, 119, Sóf., *Ant.* 904 ss., para ver el precio que en la Antigüedad pagaban las mujeres por serlo. Posiblemente una hija única corría más peligro por no tener un hermano que protegiera sus intereses.

gloria. Es capaz de asistir a los jinetes[43] que quiere, y a los
que trabajan en el tempestuoso mar y suplican a Hécate
440 y al retumbante Enosigeo, fácilmente abundante botín
les concede la ilustre diosa y con facilidad se lo quita,
cuando parece seguro, si así lo desea en su ánimo. Con la
ayuda de Hermes tiene la posibilidad de aumentar los rebaños en los establos y por lo que se refiere a las manadas
445 de bueyes, grandes rebaños de cabras y majadas de ovejas de espeso vellón, si así lo quiere en su ánimo, a partir
de pocos los hace prosperar y de muchos disminuir.

Así, aunque unigénita de madre, entre todos los in-
450 mortales es estimada por sus prerrogativas. [El Crónida
la hizo criadora de los jóvenes que después de ella vieron
con sus ojos la luz de Eos que a muchos alumbra. Así,
desde el comienzo, es criadora de jóvenes y éstas son sus
esferas de actuación.]

Rea, sometida por Crono, engendró[44] gloriosos hijos:
455 Histia, Deméter, Hera, de sandalias de oro; el robusto

---

43. La aristocracia de Calcis en esa época era conocida como *hippobotai*.
44. En el nacimiento de Zeus confluyen dos relatos diferentes: uno del Próximo Oriente que forma parte de un mito de sucesión más completo y otro de Creta Minoica, en que Crono y los Titanes no existen. Los elementos del Próximo Oriente se ven por la comparación con la historia hurrita-hitita de Kumarbi. En cuanto al lugar donde se oculta a Zeus, normalmente se dice que fue el monte Ida o Dicte, y sólo Hesíodo lo sitúa cerca de Licto. La danza de los Curetes con escudos simbolizaría, para West, la fertilidad, y el ruido de los escudos sería un rito apotropaico. El desarrollo del mito recibió influencias de varios motivos de cuentos populares: padre que quiere deshacerse de sus hijos para evitar que se cumpla la profecía de que uno lo destronará; el niño expósito que crece, se salva y reclama la herencia; el hombre devorado por un monstruo y luego vomitado (cf. Jonás y la ballena); el ogro al que no se puede vencer por la fuerza sino por el engaño...

Hades, que habita moradas bajo la tierra con despiadado pecho; el retumbante Enosigeo y el prudente Zeus, padre de dioses y hombres, bajo cuyo trueno se agita la amplia tierra.

A ellos los devoraba el gran Crono cuando cada uno desde el sagrado vientre de su madre llegaba a sus rodillas, tramando esto para que ninguno otro de los nobles descendientes de Urano obtuviera la dignidad real entre los inmortales. Pues por Gea y el estrellado Urano se había enterado de que tenía como destino morir a manos de su hijo, aunque fuera fuerte, por obra de las decisiones del gran Zeus. Por esto no descuidaba la vigilancia, sino que, siempre al acecho, devoraba a sus hijos, y Rea sufría terriblemente.

Pero cuando iba a dar a luz a Zeus, padre de dioses y hombres, suplicaba a sus padres [a los de ella, a Gea y al estrellado Urano] que le ayudaran en su plan, para que sin que se diera cuenta pariera a su hijo y vengara las Erinias de su padre [y de los hijos que se tragó el gran Crono de astuta mente].

Ellos mucho escucharon y obedecieron a su hija, a la vez que le contaron cuanto estaba marcado por el destino que sucediera respecto al rey Crono y a su valeroso hijo y la enviaron a Licto, un rico pueblo de Creta [cuando iba a dar a luz al último de sus hijos, al gran Zeus. A éste lo recogió la monstruosa Gea para alimentarlo y educarlo en la amplia Creta].

Allí fue, llevándolo a lo largo de la rápida gran noche, primeramente a Licto; lo tomó en sus manos y lo ocultó en una escarpada cueva, bajo las entrañas de la divina tierra, en el monte Egeo, poblado de árboles. Y

envolviendo en pañales una gran piedra se la puso en sus manos al gran soberano Uránida, rey de los primeros dioses. Aquél entonces, cogiéndola con sus manos, la puso en su vientre, ¡desdichado!, y no se dio cuenta en su mente de que detrás, en lugar de una piedra, que-
490 daba su invencible e imperturbable hijo, que pronto, sometiéndolo con la violencia de sus manos, lo iba a despojar de sus atributos e iba a gobernar entre los inmortales.

Rápidamente crecieron la fuerza y los gloriosos miem-
495 bros del soberano, y al llegar el momento oportuno, engañado por las muy sabias sugerencias de Gea, el gran astuto Crono vomitó a sus hijos [vencido por las artes y violencia de su hijo]. Pero primeramente echó fuera la piedra, puesto que era lo último que se tragó. Zeus la fijó[45] sobre la tierra de anchos caminos en la muy sagrada Pitó, en las cavidades del Parnaso, para que fuera un
500 símbolo para la posteridad, maravilla para los hombres mortales.

Liberó a los hermanos de su padre de sus fuertes ataduras [a Brontes, a Estéropes y a Arges, de violento ánimo], los Uránidas, a los que su padre en su locura encadenó. Éstos le guardaron reconocimiento[46] por sus buenas

---

45. Actualmente se puede contemplar en Delfos una enorme piedra que se considera el *omphalos* (ombligo) del mundo y que, según la leyenda, es la que Crono se tragó en lugar de Zeus. Se ha pensado que sea un meteorito, pues, al proceder éstos del cielo, se consideraban sagrados (cf. Paus. X, 24, 6).
46. Porque liberó a los cíclopes que le dieron el rayo con el que derrotó a los Titanes (v. 687) y Tifón. La historia afecta a la liberación de sus hermanos y, también, a la titanomaquia con los centímanos (v. 617).

acciones y le dieron el trueno, el llameante rayo y el relámpago, que antes los escondía⁴⁷ la inmensa Gea, y apoyado en ellos gobierna sobre mortales e inmortales.

Con la muchacha de bellos pies, la Oceánide Clímene, se casó Jápeto y con ella subió al lecho común. Ésta le dio un hijo, el valeroso Atlante, y le engendró al muy famoso Menetio, al sutil Prometeo, rico en recursos, y al torpe Epimeteo, que fue desde el principio un mal para los laboriosos hombres, pues por primera vez aceptó una doncella modelada por Zeus.

Al insolente Menetio, por su insensato orgullo y su arrogante fuerza, lo hizo bajar al Érebo Zeus de amplia mirada, alcanzándole con su humeante rayo.

Atlante, por imperiosa necesidad, sostiene [de pie, con su cabeza e incansables manos] el ancho cielo en los confines de la tierra, cerca de las Hespérides de agradable voz. Este destino, en efecto, le asignó el prudente Zeus.

A Prometeo, de astutas decisiones, lo ató con ligaduras de las que no se puede librar, con dolorosas cadenas que metió a través de una columna, y contra él lanzó un águila⁴⁸ de amplias alas. Ésta le comía el inmenso hígado, pero

---

47. Hesíodo está pensando, probablemente, en el fuego volcánico, pero también los cíclopes nacen de la tierra. Por otra parte, los objetos preciosos se hallan a menudo bajo tierra, quizá como símbolo de la fecundidad.

48. El tormento del águila recuerda al de Tición con dos buitres descrito en *Od.* XI, 578 ss., e *Il.* XXIV, 212. Se piensa que se trata de un mito caucásico, origen que tienen tanto el tormento de Prometeo como el de Tición, el de Tántalo, Oto, Efialtes, etc. Excepto el de Prometeo, todos están localizados en el Hades (cf. *Od.* XI, 576 ss.). El tormento de Prometeo fue visto por los Argonautas (Apol. Rod. II, 1246 ss.), por lo que puede pensarse en una incorporación procedente de las costas de Asia Menor. Prometeo debía ser bien conocido en Yolco,

525 éste crecía por la noche tanto cuanto el ave de rápido vuelo había devorado por el día. [A ésta la mató el valeroso hijo de Alcmena, poniendo fin a sus desdichas, no contra la voluntad de Zeus Olímpico, que domina en lo alto,
530 sino para que la gloria de Heracles, nacido en Tebas, fuera aún mayor que antes en la fecunda tierra. Al respetarlo así honraba a su famoso hijo y, a pesar de que estaba muy irritado, cesó en la cólera que antes tenía porque Prometeo combatía los planes del muy poderoso Cronión.]
535 En efecto, cuando los dioses y los mortales disputaban en Mecona, entonces Prometeo, tratando de engañar al inteligente Zeus, con ánimo resuelto le ofreció un enorme buey que había dividido. Por una parte puso, en la piel, la carne y las entrañas ricas en grasa, ocultándolas
540 en el estómago del buey; por otro lado, colocando bien los blancos huesos del buey con engañoso arte, se los presentó, después de haberlos cubierto con blanca grasa. Ante esto el padre de los hombres y dioses le dijo:

«Japetónida, famoso entre todos los soberanos, mi buen amigo, cuán desigualmente hiciste las partes».

545 Así habló en tono mordaz Zeus, conocedor de inmortales designios. A él le respondió, por su parte, el astuto Prometeo con una leve sonrisa, sin olvidarse de su engañoso artificio:

---

pues su padre Deucalión fundó la ciudad (Apol. Rod. III, 1086). Su situación en la roca se considera un ejemplo de *apotympanismós:* suplicio aplicado a criminales, malhechores, etc., pues las representaciones más antiguas lo presentan normalmente encadenado en cuclillas. Por otra parte, ésa es la postura típica de la súplica, el duelo, la iniciación, el culto a los muertos, etc., para asociarse más con los seres a los que pretenden unirse.

«Zeus gloriosísimo, el más grande de los sempiternos dioses, elige de éstos el que en tu pecho te indique tu ánimo».

Habló, en verdad, con engañosa mente y Zeus, conocedor de inmortales designios, se dio cuenta y no ignoró el engaño, sino que en su corazón proyectó contra los hombres mortales males que, realmente, iba a cumplir.

Levantó con ambas manos la blanca grasa, se irritó en sus entrañas y la cólera le llegó a su ánimo cuando vio los blancos huesos del buey por el pérfido engaño. Desde entonces en la tierra las estirpes de hombres queman para los inmortales blancos huesos sobre humeantes altares. Y a aquél Zeus amontonador de nubes, muy irritado, le dijo:

«Japetónida, conocedor de los designios relativos a todas las cosas, mi buen amigo, no te olvidaste, en efecto, del pérfido arte».

De este modo se expresó lleno de irritación Zeus, sabedor de inmortales designios, y desde ese momento, acordándose en cada instante del engaño, no otorgaba a los fresnos[49] la fuerza del incansable fuego [para los mortales que habitan sobre la tierra]. Pero de él se burló el noble hijo de Jápeto robando en una caña hueca la luz del incansable fuego que desde lejos se ve. Dañó así, de nuevo, en lo más profundo el ánimo al altitonante Zeus,

---

49. En los mitos populares se dice que el fuego reside en los árboles porque de éstos se obtiene por fricción. Otros prefieren poner esto en relación con el origen de los hombres de la tercera edad, como aparece en *Tr. 145*.

y le irritó en su corazón cuando vio entre los hombres el
brillo del fuego que desde lejos se observa.

570 Al punto, a cambio del fuego, tramó males para los
hombres: el famoso Cojo[50] modeló, por decisión del
Crónida, algo semejante a una respetable doncella; la
ciñó y adornó con un vestido de destacada blancura
la diosa Atenea de ojos verdes; la cubrió desde su cabeza
575 con un velo, hecho a mano, admirable de ver; encantadoras coronas de fresca hierba trenzada con flores le colocó en torno a su cabeza Palas Atenea; en su cabeza le
580 ciñó una diadema de oro, que hizo él mismo, el famoso
Cojo, con sus manos, intentando agradar a su padre
Zeus; en ésta estaban grabados, cosa admirable de ver,
muchos artísticos monstruos, cuantos terribles crían la
tierra y el mar; muchos de éstos puso y en todos ellos se
respiraba su arte, admirables y semejantes a seres vivos
dotados de voz.

585 Cuando hizo el bello mal, a cambio de un bien, la llevó
donde estaban precisamente los demás dioses y los hombres, engalanada con el adorno de la diosa de los ojos
verdes, hija de poderoso padre; la admiración se apoderó de los inmortales dioses y los mortales hombres, cuando vieron el arduo engaño, sin remedio para los hom-
590 bres. De ella, en efecto, procede el linaje de las femeninas
mujeres [pues funesto es el linaje y la estirpe de las mu-

---

50. Hefesto. Sobre el origen de este defecto aparecen en la *Ilíada* versiones diferentes: en I, 571 ss., se dice que se debe a que Zeus lo precipitó desde el Olimpo cuando, en una discusión que él mantenía con Hera, Hefesto salió en defensa de la diosa; en cambio, en XVIII, 395, se indica que la causa fue que Hera, avergonzada del aspecto nada agradable que tenía su hijo al nacer, lo arrojó desde lo alto del Olimpo.

jeres]; gran desgracia para los mortales, con los hombres habitan no como compañeras de la perniciosa pobreza, sino de la abundancia.

Como cuando en las abovedadas colmenas las abejas alimentan a los zánganos[51], dedicados a míseros trabajos: ellas durante todo el día, hasta la puesta del sol, día a día se afanan y hacen los blancos panales, mientras ellos permaneciendo dentro, en los recubiertos panales, recogen en su estómago el trabajo ajeno, así, del mismo modo, el altitonante Zeus como desgracia para los hombres mortales hizo las mujeres, dedicadas a malvadas acciones. 595

600

[Y otro mal suministró a cambio de un bien: quien, esquivando el matrimonio y las funestas obras de las mujeres, no quiere casarse y llega a la funesta vejez sin sostén para esta etapa, éste no vive falto de medios; pero al morir, sus parientes se reparten sus posesiones. Quien, en cambio, participa del matrimonio y tiene una esposa pru- 605

---

51. Cf. Semónides de Amorgos, frg. 7, del que ponemos a continuación algunos versos: «De modo diverso la divinidad hizo el talante de la mujer / desde un comienzo. A la una la sacó de la híspida cerda: / en su casa está todo mugriento por el fango / en desorden y rodando por los suelos /[...]/ A otra la sacaron de la abeja. ¡Afortunado quien la tiene! / Pues es la única a la que no alcanza el reproche /[...]/ Y las demás, todas ellas existen por un truco / de Zeus, y así permanecen junto a los hombres. Pues éste es el mayor mal que Zeus creó: / las mujeres. Incluso si parecen ser de algún provecho, / resultan, para el marido sobre todo, un daño. / Pues no pasa tranquilo nunca un día entero / todo aquel que con mujer convive /[...]/ Porque éste es el mayor mal que Zeus creó, / y nos lo echó en torno como una argolla irrompible, / desde la época aquella en que Hades acogiera / a los que por causa de una mujer se hicieron la guerra» (trad. de C. García Gual, en *Antología de la poesía lírica griega [ss. vii-iv a.C.]*, Madrid, Alianza Editorial, 1980).

dente, provista de inteligencia, a él desde el comienzo de los tiempos se le iguala el mal con el bien constantemente. El que consigue un tipo de esposa destructiva, vive con incesante aflicción en su pecho, en su ánimo y en su corazón, y su mal es incurable.]

Así no es posible engañar ni transgredir la voluntad de Zeus, pues ni siquiera el Japetónida, el benefactor Prometeo, se escapó de su pesada cólera, sino que por la fuerza una gran cadena le retuvo, a pesar de ser muy sabio.

[Ascenso de Zeus al poder]

A Briareo, Coto y Giges los ató su padre con una fuerte cadena cuando se enfadó en su ánimo, envidioso de su formidable fuerza, su aspecto y su tamaño, y los estableció bajo la tierra de anchos caminos. Allí ellos, habitando bajo la tierra, entre dolores, estuvieron en los últimos confines de la tierra, muy irritados, con gran pesar de su corazón. Pero a ellos el Crónida y los demás dioses inmortales que engendró Rea, de hermosa cabellera, en su unión amorosa con Crono, los sacaron de nuevo a la luz, de acuerdo con las instrucciones de Gea. Pues ella les contó, con toda exactitud, que con ellos obtendrían la victoria y hermosa gloria.

Ya durante largo tiempo luchaban con doloroso esfuerzo unos frente a otros en duros combates los dioses Titanes y cuantos nacieron de Crono, los unos, los magníficos Titanes, desde el elevado Otris, los otros, los dioses dadores de bienes a los que engendró Rea, de hermosa cabellera, unida con Crono, desde el Olimpo.

Éstos, en verdad, entonces en dolorosa lucha, llevaban 635
combatiendo ininterrumpidamente diez años[52] comple-
tos, y no había solución ni fin de la penosa disputa para
ninguno de los dos bandos, sino que indeciso estaba el
resultado de la guerra. Pero, cuando a aquéllos ofreció
Zeus todos los alimentos [néctar y ambrosía, que los pro- 640
pios dioses toman], en el pecho de todos se acrecentó el
heroico ánimo [cuando comieron el néctar y la deliciosa
ambrosía[53]], entonces dijo entre ellos el padre de hombres y dioses:

«Oídme, famosos hijos de Gea y Urano, para que os 645
diga lo que mi ánimo me ordena en mi pecho. Ya durante muy largo tiempo unos frente a otros luchamos por la
victoria y el poder todos los días los dioses Titanes y
cuantos nacimos de Crono. Pero vosotros mostrad vues-
tra gran violencia y vuestras invencibles manos frente a 650
los Titanes en la terrible lucha, acordándoos de nuestra
dulce amistad, cómo gracias a nuestra decisión salisteis
de la oscura tiniebla de nuevo a la luz, tras haber sopor-
tado tantos dolores por la dolorosa cadena».

Así habló y a él le respondió el irreprochable Coto:

«Divino, cosas no desconocidas estás explicando, pues 655
también nosotros mismos sabemos lo excelentes que son
tu inteligencia y tu mente, pues para los inmortales fuiste
liberador de una maldición terrible; por tu sabiduría de

---

52. Aparentemente se trata de una fórmula convencional (cf. 725, 789, e *Il.* I, 54, y II, 328-9) que puede basarse en la división del mes en tres partes (primera, segunda y tercera décadas).
53. El tomar néctar y ambrosía es una ratificación simbólica del retorno de los centímanos al mundo de los dioses de arriba y la terminación de su castigo (cf. *Il.* XIX, 155, *Himn. Ap.* 127).

nuevo logramos salir de la oscura tiniebla, tras haber sufrido bajo duras cadenas, soberano hijo de Crono, cosas
inesperadas. Por esto también ahora con espíritu firme y
resuelta decisión salvaremos en terrible lucha tu poder,
combatiendo con los Titanes en duras batallas».

Así dijo y los dioses dadores de bienes, al oír su palabra, lo alabaron y su ánimo estaba aún más impaciente
que antes por la guerra. Provocaron una desdichada
lucha, tanto femeninos como masculinos, aquel día, los
dioses Titanes y cuantos nacieron de Crono, y aquellos a
los que Zeus de las tinieblas bajo tierra sacó a la luz, terribles y fuertes, dotados de extraordinaria violencia.
Cien manos les salían de los hombros a todos por igual y
cincuenta cabezas a cada uno le nacían de sus hombros
sobre sus fuertes miembros.

Ellos, entonces, en cruel batalla, se enfrentaron a los
Titanes con enormes piedras en sus robustas manos.
Los Titanes, desde el otro lado, fortificaban sus filas con
prontitud; ambos mostraban a la vez el poder de sus manos y de su violencia. Terrible resonó el inmenso mar; la
tierra produjo un gran estruendo; el ancho cielo agitán-
dose se lamentó; el inmenso Olimpo desde su base vibró
por el ímpetu de los inmortales; llegó al umbroso Tártaro
el pesado ruido de pies y el profundo griterío del inmenso tumulto y de los fuertes disparos. ¡De ese modo lanzaban funestos dardos unos contra otros!; la voz de unos
y otros exhortándose llegó al estrellado Cielo, y ellos
confluyeron con un gran alalá.

Ya no contenía Zeus su fuerza, sino que al punto se lle-
naron de cólera sus entrañas y mostró toda su violencia;
al mismo tiempo, desde el cielo y desde el Olimpo avan-

zaba lanzando rayos de modo continuo y los rayos, a la 690
vez que el trueno y el relámpago, revoloteaban desde su
robusta mano, haciendo dar vueltas a la sagrada llama.

De un lado y otro la nutricia tierra resonaba al quemarse y crepitaba grandemente con el fuego la inmensa selva; hervía toda la tierra y las corrientes del Océano y 695
el estéril ponto. Una ardiente humareda envolvió a los ctónicos Titanes y una inmensa llama alcanzó el divino aire, y, aunque eran muy fuertes, sus dos ojos se quedaban ciegos cuando resplandecía el brillo del relámpago y del rayo.

Un terrible calor ardiente se apoderó del Caos y pa- 700
recía verse ante los ojos y oírse con los oídos un sonido igual que cuando se aproximaron Gea y el ancho Urano. En efecto, tan grande estruendo se produjo cuando, abatida ella, aquél se precipitó desde lo alto [¡tan 705
gran estruendo se originó al chocar los dioses en su combate!].

A la vez los vientos expandían con estrépito la sacudida, el polvo, el trueno, el relámpago y el ardiente rayo, flechas del gran Zeus, y llevaban al centro de ambos griterío y clamor; inmenso fragor salía de la terrible disputa; 710
era evidente la violencia de las acciones y, al fin, la batalla declinó, pero antes, atacándose mutuamente, luchaban sin cesar en fuertes combates. Entre los primeros despertaron una aguda lucha éstos, Coto, Briareo y Giges, insaciable de lucha, los cuales enviaron con sus fuertes manos 715
trescientas piedras, una tras otra, y cubrieron con estos dardos a los Titanes; a ellos los enviaron bajo la tierra de amplios caminos y los encadenaron con dolorosas cadenas, tras haberlos vencido con sus manos, a pesar de que 720

eran muy valientes, tanto bajo tierra[54] cuanto lejos está el cielo de la tierra [tanto hay desde la tierra hasta el umbroso Tártaro]. En efecto, si durante nueve noches y nueve días estuviera un yunque[55] de bronce bajando desde el cielo, al décimo llegaría a la tierra, [e igualmente si desde la tierra hasta el tenebroso Tártaro], por otro lado, durante nueve noches y días un yunque de bronce estuviera bajando, al décimo día llegaría al Tártaro.

En torno a él un cerco de bronce se extiende; de uno y otro lado, en torno a su garganta, una oscuridad de tres capas está derramada; por encima nacen las raíces[56] de la tierra y del estéril mar.

Allí están ocultos, por decisión de Zeus que amontona las nubes, los dioses Titanes en una zona húmeda, en los límites de la inmensa tierra. Éstos no pueden salir, pues Posidón les colocó unas puertas de bronce y una muralla

---

54. De 713 a 819 describe el poeta el mundo subterráneo mediante una construcción anular. Parte de los centímanos (713) sigue con los Titanes y su prisión (717 ss.), lo que le lleva a hablar de los cimientos de tierra y mar (728) y, por tanto, de las fuentes de la tierra, mar y cielo, describiendo el Tártaro y cuanto con él puede asociarse (Atlas, Noche, Día, Sueño, Muerte, Hades, Cerbero, Estigia... [736 ss.]) y, como éste es prisión de los Titanes (813), su recuerdo le lleva de nuevo al de los centímanos (815). Cf. *Od.* XI: descenso de Odiseo a los infiernos.
55. El empleo del yunque recuerda al que Zeus (*Il.* XV, 19) utiliza para atar los pies de Hera, pero también puede deberse su uso aquí a que la palabra *akmon* denominara una piedra meteórica, o a que el yunque sugiriera este tipo de elementos. En cuanto a la duración de la trayectoria, cf. *Il.* I, 591-592, en que Hefesto cae desde el cielo a Lemnos en un día, o *Historias verdaderas,* I, 10, donde Luciano tarda siete días y noches en llegar a la luna.
56. Si bien en Hesíodo debe de ser una simple metáfora, en su origen deriva, posiblemente, de la idea del mundo como un árbol (cf. mitología nórdica, céltica, egipcia, babilónica...).

los rodea por ambos lados. Allí habitan Giges, Coto y el valiente Briareo, fieles vigilantes de Zeus, portador de la égida. 735

Allí están las fuentes y términos de todos, uno tras otro, de la oscura tierra, del umbroso Tártaro, del estéril mar y del estrellado Cielo, lugares terribles, mohosos, que los dioses odian; gran abismo: ni siquiera se llegaría al fondo en un año entero, si fuera posible franquear sus puertas, sino que aquí y allí te llevaría borrasca contra espantosa borrasca. Terrible incluso para los dioses inmortales es este prodigio. También están allí, ocultas por negras nubes, las terribles moradas de la sombría Noche. 745

Ante estas puertas, el hijo de Jápeto sostiene de pie, con su cabeza y sus incansables manos, el ancho cielo inmóvil, allí donde la Noche y el Día se acercan y se saludan, cruzando el gran umbral de bronce: la una baja hacia el interior, la otra se va hacia la puerta, y nunca a ambas acoge dentro la casa, sino que siempre una de las dos fuera de ella da vueltas sobre la tierra, mientras la otra, por su parte, dentro de la morada, aguarda hasta que llegue la hora de su camino; la una ofreciendo la penetrante luz a los mortales, la otra llevando en sus manos el Sueño, hermano de la Muerte, la funesta Noche, oculta en densa niebla. 750 755

Allí tienen sus moradas los hijos de la sombría Noche, Hipno y Tánato, terribles dioses, y nunca a ellos el brillante Helio los visita con sus rayos ni al subir ni al bajar del cielo. De éstos, el uno recorre la tierra y la ancha espalda del mar tranquilo y suave para los hombres, pero el otro, en cambio, de hierro tiene el corazón y en su pecho alma de bronce despiadada alberga y retiene al que 760 765 de los hombres toma en primer lugar. Es odioso incluso para los dioses inmortales.

Allí lejos están las sonoras moradas del dios subterráneo [del robusto Hades y de la terrible Perséfone], y de-
770 lante vigila un terrible perro despiadado, y que tiene artes horribles: a los que entran los saluda a la vez con la cola y con ambas orejas, pero no los deja salir de nuevo, sino que, espiando, se come al que sorprende saliendo de las puertas.

775 Allí habita una diosa detestable para los inmortales, la terrible Estigia, hija mayor del Océano que fluye sobre sí mismo. Lejos de los dioses habita su famosa morada cubierta de grandes piedras, que con columnas de plata por todas las partes se extiende hasta el cielo.

780 Raras veces la hija de Taumante, Iris de rápidos pies, va y viene como mensajera por la ancha espalda del mar: cuando se produce una disputa o riña entre los inmortales, y si alguno de los que ocupan las moradas olímpicas miente, Zeus envía a Iris a traer de lejos el gran juramen-
785 to de los dioses en un cántaro de oro[57], la famosa agua fría que se desliza desde una elevada roca escarpada. En abundancia mana del sagrado río[58], bajo la tierra de anchos caminos, en la negra noche, un brazo del Océano y
790 una décima parte queda separada; a las otras nueve, haciéndolas girar en torno a la tierra y a la ancha espalda del mar en plateados torbellinos, las precipita en el mar, y esa sola fluye desde la roca, gran desgracia para los dio-

---

57. Como cualquier joven enviada a buscar agua, pero, al ser diosa, el cántaro es de oro (cf. Paus. VIII, 18, 5). El mito debe de haber surgido como una explicación popular del arco Iris.
58. Océano.

ses. El que de los inmortales que ocupan las cimas del elevado Olimpo comete perjurio al derramarla yace sin aliento hasta pasado un año y no puede acercarse a la ambrosía ni al néctar, sino que yace sin respiración y sin voz en los extendidos lechos y un malvado sopor le invade[59]. Luego, cuando cumple esa terrible enfermedad, al cabo de un año, otro mal más penoso sucede a ése: durante nueve años está privado del contacto con los dioses sempiternos y nunca durante nueve años enteros acude al consejo, ni a los banquetes; al décimo, de nuevo asiste a las asambleas de los inmortales que ocupan las moradas Olímpicas. Tal juramento establecieron en verdad los dioses, por la antigua agua inmortal[60] de la Estigia, que a través de una abrupta región corre.

[Allí están las fuentes y límites de la oscura tierra, del umbroso Tártaro, del estéril mar y del estrellado cielo, de todos, unos tras otro, lugares terribles, mohosos, que los dioses odian.]

[Allí hay puertas de mármol y un sólido umbral de bronce natural, fuertemente asegurado, con profundos cimientos. Delante, aparte de todos los dioses, habitan los Titanes al otro lado del tenebroso abismo. Después,

---

59. Puede observarse cómo la sucesión de pensamiento de 782 a 793 (disputa-riña-mentira-juramento-desgracia-perjurio) se corresponde con la lista de la progenie de Eris de 226-232: Eris (disputa)-Riñas-Falsedades-Horco, causa de desgracia para el perjuro.
60. Probablemente conectada con la creencia de que el agua de la Estigia era un elixir de vida, como en la historia de la inmersión de Aquiles. Hoy se dice que quien bebe agua de la Estigia arcadia en el día correcto puede obtener la inmortalidad. Sin embargo, en la Antigüedad (cf. Paus. VIII, 17, 6 ss.) se atribuían a las aguas de esta fuente propiedades perniciosas: quebraban el hierro y los metales, así como la cerámica.

815 en el fondo de Océano, están los ilustres ayudantes del resonante Zeus, Coto y Giges. A Briareo, por ser bueno, lo convirtió en yerno suyo Enosigeo y le entregó como esposa a su hija Cimopolea.]

820 [Pero cuando Zeus expulsó del Cielo a los Titanes, la inmensa tierra engendró a su hijo más joven, Tifón, en unión amorosa con Tártaro, por obra de la dorada Afrodita. Sus manos realizaban obras de fuerza e incansables eran los
825 pies del valeroso dios. De sus hombros nacían cien cabezas de serpiente, dragón terrible, aguijoneando con sus oscuras lenguas. De los ojos existentes en sus inefables cabezas, bajo las cejas, replandecía el fuego. De todas sus cabezas brotaba el fuego cuando miraban. En todas ellas había voces que lanzaban un variado rumor indecible:
830 unas veces, en efecto, emitían articulaciones, como para entenderse con los dioses[61]; otras, sonidos como potentes mugidos de un toro fuerte y arrogante; otras, de un león de despiadado ánimo; otras, semejantes a perritos, admi-
835 rables de oír, y otras, silbaba y las enormes montañas le hacían eco.

Habría sucedido un hecho extraordinario aquel día y se habría convertido en rey de mortales e inmortales, si el padre de dioses y hombres no hubiera tenido una aguda mente; pero lanzó un trueno duro y fuerte y de un
840 lado y otro resonaron de un modo terrible la tierra, el ancho cielo encima, el mar, las corrientes del Océano y los abismos de la tierra. Bajo sus inmortales pies se agi-

---

61. Hace el mismo tipo de ruido que una laringe humana, aunque la lengua que habla es la de los dioses. Los griegos pensaban que los dioses hablaban su propia lengua, particular como las diferentes sociedades de hombres y animales (cf. Platón, *Crat.* 391d ss.).

taba el gran Olimpo al levantarse el soberano y gemía la tierra. Un calor ardiente dominaba el sombrío mar por obra de ambos, así como por el trueno y el relámpago, el fuego procedente del monstruo, los huracanados vientos y el rayo ardiente de modo que hervían la tierra entera, el cielo y el mar. Se precipitaban de un lado a otro sobre las costas las inmensas olas bajo el ímpetu de los inmortales y una interminable sacudida se producía: temblaba Hades, que gobierna sobre los muertos que están bajo tierra, y los Titanes, que en el Tártaro rodean a Crono, por el incesante clamor y la espantosa lucha.

Pues bien, Zeus, cuando amontonó su fuerza y cogió sus armas, el trueno, el relámpago y el resplandeciente rayo, le golpeó saltando desde el Olimpo y quemó todas las prodigiosas cabezas del terrible monstruo. Después que lo sometió a latigazos, cayó lisiado y la monstruosa tierra gimió[62]. Al caer fulminado el soberano, una llamarada surgió en las oscuras profundidades rocosas de la montaña. Ampliamente ardía la inmensa tierra con una humareda prodigiosa y se fundía como el estaño que con arte es calentado por los trabajadores en el crisol de amplia abertura, o el hierro, que es el más resistente, sometido al fuego abrasador en las profundidades de una montaña se funde en la divina tierra[63] por obra de Hefesto; así, en

---

[62]. Los latigazos de Tifón se interpretan normalmente como una explicación mitológica de los terremotos.
[63]. Los antiguos griegos, como aún hoy algunos pueblos primitivos, se servían para extraer el hierro de simples agujeros en el suelo. Como combustible usaban el carbón de madera y activaban el fuego con soplillos de pieles de animales.

efecto, se fundía la tierra por el destello del ardiente fuego y, afligido en su corazón, lo arrojó al amplio Tártaro.

De Tifón proceden los fuertes vientos de húmedo soplo, excepto Noto, Bóreas, Argesteo y Céfiro. Éstos son de linaje divino, gran ayuda para los mortales, pero las demás brisas soplan fortuitamente sobre el mar, unas cayéndose sobre el oscuro Ponto, gran desgracia para los mortales, en malvado huracán se lanzan; cada vez soplan de modo diferente, destruyen las naves y hacen perecer a los marineros, ¡del mal no hay liberación para los hombres que con aquéllas se encuentran en el Ponto! Otras destruyen, a su vez, en la inmensa tierra florida los amados trabajos de los hombres nacidos en la tierra, llenándolos de polvo y penosa confusión.]

Una vez que los felices dioses remataron su trabajo y decidieron por la fuerza con los Titanes sus competencias, entonces, por consejo de Gea, pidieron al Olímpico Zeus, de ancha faz, que reinara y gobernara sobre los inmortales y él distribuyó bien entre éstos las atribuciones.

[Cuarta generación de dioses]

[Zeus, rey de los dioses, tomó como primera esposa a Metis[64], la que más cosas conoce de los dioses y de los

---

64. En el proceso de composición del mito debieron sucederse varios pasos: 1.º) el nuevo rey debe pensar que va a ser depuesto por su hijo, como sus predecesores, pero una cadena de sucesión sin fin es ofensiva para el sentimiento religioso y en el mito griego el hijo más fuerte que Zeus no se materializa. En la versión de Esquilo, Zeus se entera a tiempo y no se realiza el matrimonio con Tetis (cf. Esq. *Prom.* 755,

hombres mortales. Pero cuando estaba a punto de dar a
luz a la diosa Atenea, de ojos brillantes, en ese momento,
engañando dolosamente[65] su corazón con halagadoras   890
palabras, Zeus la depositó en su vientre por consejo de
Gea y del estrellado Urano. Así se lo aconsejaron ambos,
para que ningún otro de los Sempiternos tuviera la dignidad real en lugar de Zeus. En efecto, estaba decretado
que nacieran de ella hijos muy prudentes: en primer lugar,   895
la muchacha de ojos verdes, Tritogenia, que es igual que
su padre en fuerza y prudente decisión, y después iba a
dar a luz un hijo, rey de dioses y hombres, con un corazón
soberbio. Pero Zeus la depositó antes en su vientre para   900
que le aconsejara lo bueno y lo malo.

Luego] se casó con la brillante Temis, que engendró a
las Horas, Eunomía, Dike y la floreciente Irene, las cuales

907, y también Pínd. *Ist.* VIII, 27). En la de Hesíodo, el matrimonio
tiene lugar, pero la esposa es tragada por Zeus antes de que pueda dar
a luz (reduplicación, pues, del motivo de Crono). En otras fuentes
(*Himn. Ap.* 338, *Il.* II, 783), el papel del hijo lo representa Tifón. Éste
nace, pero Zeus es advertido a tiempo y el hijo es eliminado antes de
que crezca lo suficiente para que llegue a la plenitud su poder. 2.°)
Atenea nace tradicionalmente de la cabeza de Zeus. Originariamente
éste era un motivo independiente, conectado con la primitiva idea de
cabeza como fuente de generación, paralelo al nacimiento de Pegaso
y Crisaor (280) al ser cortada la cabeza de Medusa. 3.°) La identidad
de la madre debe de haber sido determinada por la de la hija: Metis
era una madre apropiada para Atenea (cf. epítetos de Zeus como *me-
tioenta*). 4.°) En correspondencia con esto, Hera, sin esposo, engendra a Hefesto.

65. Cf. Apolod. *Bib.* I, 3, 6. Metis tenía la habilidad de cambiarse en
distintas formas, p. e., una vez se transformó en Tetis, la otra esposa
peligrosa de Zeus. La versatilidad de ambas ninfas está conectada con
su relación con el agua: Tetis es una Nereida, Metis una Oceánide. Por
eso en la versión racionalista del mito se dice que posiblemente Metis
se transformó en agua para huir de Zeus, y éste se la bebió.

protegen los trabajos a los hombres mortales, y a las Moiras, a las que grandísima honra otorgó el prudente Zeus, Cloto, Láquesis y Átropo, que conceden a los hombres mortales el obtener lo bueno y lo malo.

Eurínome, hija de Océano, de muy agradable aspecto, le dio las tres Gracias, de hermosas mejillas, Aglaya, Eufrósina y la encantadora Talía. [De sus párpados se derrama, cuando miran, el amor que desata los miembros y bajo sus cejas lanzan una bella mirada.]

Después fue al lecho de Deméter, que alimenta muchos seres, la cual engendró a Perséfone, de blancos brazos, a la que Aidoneo arrebató a su madre y el prudente Zeus se la devolvió.

A continuación se enamoró de Mnemósine, de hermosa cabellera, de la que nacieron las nueve Musas de diadema de oro, a las que agradaban las fiestas y el placer del canto.

Letó, uniéndose amorosamente a Zeus, portador de la égida, dio a luz a Apolo y a la flechadora Ártemis, hijos encantadores por encima de todos los Uránidas.

Por último, tomó por esposa a la floreciente Hera, y ésta alumbró a Hebe, a Ares y a Ilitía, uniéndose al rey de los dioses y hombres.

Además, él mismo hizo nacer de su cabeza a Atenea, de verdes ojos, terrible, belicosa, jefa de expediciones, insaciable, venerable, a la que agradan los gritos, las guerras y las luchas.

Hera, sin unión amorosa –se enfureció y se querelló con su esposo–, dio a luz al famoso Hefesto, que supera con sus manos a todos los Uránidas. [De Anfítrite y el resonante Enosigeo nació el inmenso y poderoso Tritón, que, en el fondo del mar, ocupa palacios de oro[66] junto a su madre y su soberano padre, terrible dios.

[Catálogo de héroes]

Con Ares, perforador de escudos, engendró Citerea a los terribles Fobo y Dimo, que agitan las apretadas líneas de combate de hombres en la guerra que hiela de pavor con la ayuda de Ares, destructor de ciudades, y también a Harmonía, a la que el magnánimo Cadmo hizo su esposa. La Atlántida Maya, accediendo al sagrado lecho, tuvo con Zeus al famoso Hermes, heraldo de los inmortales.   935

La cadmea Sémele, en amorosa unión con él, dio a luz un hijo ilustre, Dioniso, que causa gran alegría, un inmortal siendo ella mortal. Ahora ambos son dioses[67].   940

Alcmena, en unión amorosa con Zeus, amontonador de nubes, alumbró al fuerte Heracles.

Hefesto, el muy famoso cojo, convirtió en su floreciente esposa a Aglaya, la más joven de las Gracias.   945

Dioniso, de cabellos de oro, a la rubia Ariadna, hija de Minos, la hizo su vigorosa esposa y a ésta el Cronión la hizo inmortal y exenta de vejez.

---

66. Cf. *Il.* XIII, 21-22. Los palacios son de oro porque pertenecen a un dios, pero también debe verse en conexión con la creencia común de que en las profundidades, inaccesibles a los hombres, hay grandes tesoros.

67. Responde a la creencia de que lo que es fulminado por el rayo se convierte en santo e imperecedero; no destruido, sino trasladado a una forma de existencia más elevada (cf. Asclepio, Faetonte...). Para otros, fue Dioniso el que, cuando mereció por sus hazañas ser divinizado, bajó a los infiernos a buscar a su madre y la trasladó al Olimpo, donde habita con el nombre de Tione.

950 A Hebe, la hija del poderoso Zeus y de Hera, de sandalias de oro, el valeroso hijo de Alcmena de bellos tobillos, el fuerte Heracles, tras haber concluido sus funestos combates, la convirtió en su respetable esposa en el nevado Olimpo. Feliz él, que, después de haber realizado
955 una gran hazaña, entre los inmortales habita sin dolor y sin vejez por siempre.

Con el incansable Helio tuvo la famosa Oceánide Perseis a Circe y al rey Eetes. Eetes, hijo de Helio que brilla
960 para los mortales, se casó por decisión de los dioses con una hija de Océano, río perfecto, con Idía, de hermosas mejillas. Ésta, en unión amorosa con él por obra de la dorada Afrodita, dio a luz a Medea, de hermosos tobillos.]
965 [Alegraos ahora, vosotros que ocupáis las moradas del Olimpo e islas, continentes y el salado Ponto situado en el medio. ¡Musas olímpicas de agradable voz, hijas de Zeus, portador de égida, cantad ahora la tribu de diosas, cuantas inmortales acostadas[68] con hombres mortales engendraron hijos semejantes a dioses!
970 Deméter, divina entre las diosas, unida amorosamente al héroe Yasio en un campo tres veces labrado[69], en la

---

68. De la dificultad de los matrimonios entre diosas y mortales habla Calipso en *Od.* V, 118 ss. (cf. también *Himn. Ap.* 286-288), indicando que en ningún caso se permitió vivir a los hombres. En cambio, no son raros los matrimonios de mortales con ninfas (cf. *Il.* VI, 21).

69. Cf. n. 26 *supra* y *Od.* V, 127. Proyección mítica de un primitivo ritual de fertilidad en el que la magia simpática estaba unida a muchas prácticas agrícolas (cf. *Tr.* 462). El acto de arar y sembrar se consideraba análogo a la relación sexual, y de ahí la metáfora. La práctica de reforzar la eficacia de la siembra con una actividad sexual simultánea, a menudo en los propios campos, está muy atestiguada. La unión de Deméter y Yasio es la correlación rítmica de un antiguo ritual agrario, y por eso el hijo que nace es Pluto ('riqueza').

rica tierra de Creta, tuvo a Pluto, que va por toda la tierra y la ancha espalda del mar y a cualquiera que a sus manos llega rico lo hace y lo llena de felicidad.

Con Cadmo, Harmonía, hija de la dorada Afrodita, engendró a Ino, Sémele, Ágave, de hermosas mejillas, Autónoa, con la que se casó Aristeo, de larga cabellera, y a Polidoro, en la bien coronada Tebas.

Calírroe, hija de Océano, unida con el valeroso Crisaor, en unión amorosa por obra de Afrodita, rica en oro, dio a luz un hijo, el más poderoso de todos los mortales, Gerión, al que mató el fuerte Heracles, a causa de sus bueyes de tornátiles pies en Eritea, rodeada de corrientes.

Con Titono tuvo Eos a Memnón, de casco de bronce, rey de los Etíopes, y al soberano Ematión; por otra parte, con Céfalo engendró un hijo ilustre, el valiente Faetonte, hombre semejante a los dioses. A éste, joven, en la delicada flor de su gloriosa juventud, niño de cándida simplicidad, la amable Afrodita lo arrebató, llevándoselo consigo por los aires, y lo convirtió en servidor secreto de su santuario en sus sagrados templos, genio divino[70].

A la hija de Eetes, rey descendiente de Zeus, el Esónida, por voluntad de los dioses sempiternos, la tomó de Eetes, después de haber rematado funestas pruebas, que en gran número le encomendó un rey poderoso y soberbio, el insolente, presuntuoso y terrible Pelias. Cuando

---

[70]. Faetonte, que es, primitivamente, uno de los nombres del Sol, designa aquí a la estrella de la tarde, Venus. Por ello es descrito como genio «nocturno» ligado a Afrodita. Este tipo de mitos reflejan, probablemente, la práctica de enterrar al rey sacerdote en el templo de su dios, donde recibía culto como héroe. Pero para Faetonte la heroización puede deberse a que murió fulminado.

las terminó, el Esónida volvió a Yolco, después de muchos afanes, llevando en su rápida nave a la muchacha de
1000 ojos vivos y la convirtió en su floreciente esposa. Entonces, poseída por Jasón, pastor de pueblos, dio a luz a su hijo Medeo, al que crió en las montañas el Filírida[71] Quirón y se cumplió el plan de Zeus.

En cuanto a las hijas de Nereo, viejo del mar, Psámata, di-
1005 vina entre las diosas, alumbró a Foco, unida amorosamente a Eaco, por mediación de la dorada Afrodita; y la diosa Tetis, de pies de plata, sometida a Peleo, engendró a Aquiles, de corazón de león, que rompe las filas de los enemigos.

A Eneas lo parió la bien coronada Citerea, unida amo-
1010 rosamente al héroe Anquises en las cimas del escarpado Ida, azotado por los vientos.

Circe, la hija del Hiperiónida Helio, unida amorosamente al valeroso Odiseo, concibió a Agrio, el irreprochable y funesto Latino, y, por obra de la dorada Afrodita, tuvo
1015 también a Telégono, los cuales, muy lejos, en el fondo de las islas Sagradas, gobernaban sobre los muy ilustres Tirrenos.

Calipso, divina entre las diosas, unida amorosamente a Odiseo, engendró a Nausítoo y Nausínoo.

[Proemio de catálogo de heroínas]

1020 Estas inmortales, acostadas con hombres mortales, dieron a luz a un hijo semejante a dioses. Y ahora cantad la tribu de mujeres, Musas Olímpicas, de agradable voz, hijas de Zeus, portador de la Égida.]

71. El centauro Quirón (cf. Glosario *infra*).

Trabajos y días

Estructura

A)   1-10: P**ROEMIO**.
B)   11-41: P**RIMERA PARTE**: J**USTICIA**.
              11-41: División de las Érides, advertencia a Perses.
              42-105: Mito de Prometeo.
              106-201: Mito de las edades.
              201-213: Fábula del Halcón y el Ruiseñor.
              213-266: Invitación a la Justicia.
              267-273: Confianza del poeta en Zeus.
              274-285: Invitación a Perses a la justicia.

C) 286-764: S**EGUNDA PARTE**: T**RABAJO**.
              286-316: Introducción al tema.
              317-380: Consejos: conducta social (317-67), conducta familiar (368-80).
              381-617: Calendario del labrador: Preparativos iniciales (382-413), trabajos de otoño (414-92). Trabajos de invierno (493-563). Trabajos de primavera (564-81), trabajos de verano (582-617).
              618-694: Calendario de navegación.
              695-759: Consejos: familiares (695-705), sociales (706-59).
              760-764: Conclusión.

D) 765-828: T**ERCERA PARTE**: D**ÍAS**.

[Proemio¹]

Musas Piérides, que dais gloria con los cantos, ea, convocad a Zeus, entonando himnos a vuestro padre, por quien ya famosos, ya desconocidos son los mortales,

---

1. La invocación a las Musas de Pieria, región tracia próxima al Olimpo, en vez de a las Musas del Helicón, que fueron quienes le iniciaron en la poesía (cf. *Te.* 22-34 y *Tr.* 662), ha hecho que varios comentaristas ya desde la Antigüedad duden de la autenticidad del proemio. En el siglo III a.C. Paxífanes, peripatético, discípulo de Teofrasto, nos cuenta que visitó el Helicón y allí los sacerdotes le mostraron un original de Hesíodo en el que faltaba el proemio. Basándose en este testimonio, Aristarco, Crates de Malo y Plutarco consideran falto de autenticidad el proemio. Una experiencia similar nos cuenta Pausanias en IX, 31, 4. La crítica moderna, normalmente, salvo algunas excepciones, como Wilamowitz, considera una falsificación el texto mostrado por los sacerdotes y admite como auténtico el proemio. Van Groningen explica la falta de conexión entre el proemio y el resto de la obra por el carácter un tanto autónomo de los proemios.

pues por voluntad del magnánimo Zeus gloriosos o sin gloria son. Zeus altitonante que habita elevadas moradas
5 con facilidad da el poder y con facilidad hunde a quien lo tiene, fácilmente debilita al ilustre y engrandece al desconocido, fácilmente endereza al torcido y humilla al orgulloso.

Tú que ves y escuchas, óyeme y restablece con justicia
10 las leyes[2], que yo contaré a Perses cosas verdaderas.

[Las dos Érides]

No era uno el linaje de las Érides[3], sino que sobre la tierra hay dos. A una, cualquiera que llegue a comprenderla, podría alabarla, pero la otra es muy reprochable, pues tienen distinta naturaleza.

15 Una, horrible, engendra guerra funesta y disputa; ningún mortal la quiere, sino que a la fuerza, por voluntad de los inmortales, honran a Eris abrumadora.

A la otra primogénita la engendró la tenebrosa Noche, y Zeus Crónida, de alto asiento, que habita en el Éter, la

---

2. Antes de que las leyes fueran escritas (o restablecidas si existieron en época anterior), cada comunidad tenía sus propias costumbres o normas *(nomos)* y la idea de aquello que era correcto *(themis)*. Cuando se planteaba algún problema debían de ser los reyes, o alguna autoridad importante, quien pronunciara las *themistés*, que, se supone, procedían de Zeus (cf. *Il.* I, 238, *Il.* IX, 97, y *Te.* n. 15 *supra*). El poeta pide a Zeus que haga ver el contenido de estas leyes tergiversado por la decisión de los reyes en un anterior juicio a Perses.
3. Rectificación a *Te.* 225, donde se cita una sola, la mala. Ésta es la opinión de críticos como Mazon, Solmsen, Verdenius y West. Sinclair niega la existencia de tal rectificación y explica el imperfecto *een* en el sentido de «fue y es todavía» (cf. *Discordia* en Glosario *infra*).

colocó en las raíces de la tierra[4] y es más provechosa para
los hombres; ella despierta para el trabajo incluso al muy   20
holgazán, pues está ansioso de trabajo cualquiera viendo
a otro rico que se apresura a cultivar, plantar y disponer
la casa; el vecino envidia al vecino, que se apresura a la
fortuna, pues ésta es provechosa Eris para los mortales;   25
el ceramista está celoso del ceramista, el artista del artista, el pobre envidia al pobre y el aedo al aedo[5].

Perses[6], grábate esto en tu ánimo, y Eris, que se jacta
del mal, no aparte tu voluntad del trabajo, a ti que espías
prestando oídos a las disputas del ágora[7].

Escasa es la preocupación por disputas y deliberacio-   30
nes en la asamblea para quien no existe dentro el anual
fruto maduro que produce la tierra, el trigo de Deméter.
Cuando te hayas saciado de éste podrás suscitar reyertas
y disputas sobre ajenas posesiones. Pero ya no te será posible obrar de esta manera por segunda vez; decidamos,   35

---

4. En nuestra opinión no debe interpretarse en el sentido de ser tan vieja como el mundo, como opina Mazon, sino como un principio fundamental de la vida humana.
5. Posibles proverbios, que existían desde antiguo en el mundo griego. H. Lewy (*Philolol.* 58 [1899], 85) señala la existencia de proverbios similares en Egipto. Nicolai observa que se trata de un apéndice que tiene por función mostrar el carácter universal del principio de emulación. Quaglia considera estos versos de autenticidad dudosa. Aurelio Pérez señala el mismo pensamiento en el refrán español: «¿Quién es tu enemigo? El que es de tu mismo oficio». Sinclair cita otro paralelo en inglés: «Two of a trade never agree».
6. El vocativo introduce la aplicación de la verdad universal a la situación presente.
7. Cf. Instrucción Suruppak, 22-31: «no aceches donde el pueblo se pelea [...] como testigo de la pelea [...] permanece lejos de la pelea [...]». Consejo de Sabiduría: «No frecuentes el tribunal, no vagues donde hay una disputa [...] Sigue tu camino, no pares mientes en ello».

pues, de una vez la disputa con rectas sentencias[8], que por venir de Zeus son las mejores.

Pues ya partimos la herencia y apropiándote indebidamente llevaste muchas más cosas halagando a los reyes devoradores de regalos que quieren pronunciar este ve-
40 redicto[9]. ¡Necios!, desconocen cuánto más es mitad que todo, ni cuán grande provecho hay en malva y asfódelo[10].

[Mito de Prometeo y Pandora]

Y es que los dioses mantienen oculto para los hombres el medio de vida, pues de otra manera fácilmente trabaja-

---

8. Cf. *Te.* 85-6. Se debe recurrir no a la justicia de los tribunales, sino a la Ley divina.
9. Muchas y variadas son las interpretaciones sobre *dike* en este pasaje: Wilamowitz, Van Groningen y Nicolai lo interpretan en el sentido de *proceso,* pensando que un segundo litigio era inminente. Mazon traduce por «justicia» y nos dice que debe interpretarse en sentido irónico. West lo interpreta como acusativo interno, explicación de *dikassai,* 'pronunciar un veredicto'.
10. Malva y asfódelo en la Antigüedad eran considerados como alimento de pobres, sustitutos del pan, cf. Aristf. *Pluto* 543: «comer en lugar de pan brotes de malva». Según Teofrasto, *HP* VII, 13, 3, y Plinio *HN,* 21, 108, el asfódelo es una planta liliácea, cuyos granos se tostaban, los tallos se freían y el bulbo se molía como trigo. También era apreciado como ingrediente de ensaladas y por su poder laxante. El elogio de malva y asfódelo, según West, puede considerarse una paradoja, al igual que el oxímoron «mejor es mitad que todo». Tal vez Hesíodo se deja influir por proverbios tomados de la literatura del Próximo Oriente, cf. Instruc. de Amen-em-Opet 9.5-8: «mejor es pobreza en la mano de Dios que riqueza en casa llena; mejor es pan con feliz corazón que riqueza con vejación», o Proverbios 15, 16: «mejor es poco con el temor de Yavé, que muchos tesoros con turbación; mejor comer legumbre donde hay amor que buey cebado donde hay odio» (más información en *RE* II, 1730-3, y XIV, 222-7).

rías en un día de manera que tuvieras para un año aun estando inactivo; al punto podrías colocar el gobernalle sobre el humo y cesarían las faenas de los bueyes y de los infatigables mulos.

Pero Zeus, irritado en su corazón, lo ocultó porque el astuto[11] Prometeo le hizo objeto de burlas. Por ello maquinó penosos males para los hombres y ocultó el fuego. A su vez, el buen hijo de Jápeto, en hueca férula[12], lo robó para los hombres al prudente Zeus, pasándole inadvertido a Zeus, que lanza el rayo.

Estando irritado díjole Zeus, amontonador de nubes: «Japetónida, conocedor de los designios sobre todas las cosas, te regocijas tras robarme el fuego y engañar mi mente, gran pena habrá para ti mismo y para los hombres venideros. A éstos, en lugar del fuego, les daré un mal con el que todos se regocijen en su corazón al acariciar su mal».

Así dijo y rompió a carcajadas el padre de dioses y hombres y ordenó al ilustre Hefesto[13] mezclar lo más

---

11. *ankylometes*: epíteto que en Homero y en *Te.* 18 se aplica a Crono, titán como Prometeo. Se alude al engaño que tuvo lugar en Mecona, donde, según *Te.* 535 ss., se reunieron dioses y hombres para decidir su separación definitiva.
12. *nártheki*: planta umbilífera, cuyo tallo tiene una médula blanca y seca que arde lentamente sin apagarse. Según glosa de Hesiquio, se empleaba para transportar el fuego de un lugar a otro. Éste fue precisamente el sistema empleado en los Balcanes hasta el siglo XIX para conservar el fuego (cf. Frazer «Myths of the origin of fire» en su edición de la *Biblioteca* de Apolodoro [2 vols., 1921], pp. 326-50, vol. 2).
13. Algunos comentaristas señalan que la alfarería y el modelado eran extraños a Hefesto. Su presencia se debe (Verdenius) a que Prometeo (encargado de ella) no puede actuar en este contexto, o también a que Hefesto es considerado la personificación del fuego. La idea de

60 pronto posible la tierra con el agua, infundir voz y fuerza
humana y asemejar en su rostro a las diosas inmortales, a
una hermosa y encantadora figura de doncella. Luego
dio órdenes a Atenea para que le enseñase sus obras, a
tejer la tela trabajada con mucho arte, y a la dorada Afro-
65 dita[14] para que derramase en torno a su cabeza encanto,
irresistible sensualidad y caricias devoradoras de miembros y a Hermes, mensajero Argifonte, le ordenó infundir en ella cínica inteligencia y carácter voluble[15].

Así dijo y ellos obedecieron al soberano Zeus Crónida.
70 Al punto el ilustre cojo, según las órdenes del Crónida, modeló de la tierra[16] un ser semejante a una ilustre doncella y
la diosa Atenea, de ojos garzos, la ciñó y embelleció; las
divinas Gracias y la soberana Persuasión colocaron en tor-
75 no a su cuello áureos collares y con primaverales flores la
coronaron las Horas de hermosa cabellera; [Palas Atenea
adaptó todo tipo de adornos a su piel;[17]] y después el mensajero Argifonte tejió en su pecho mentiras, palabras seductoras y voluble carácter por voluntad del resonante

---

ser humano hecho de tierra y agua aparece ya en Homero *Il.* VII, 99:
«ojalá os volvierais agua y tierra».

14. En la *Teogonía* sólo toman parte en la creación de la mujer Hefesto y Atenea, pero aquí el autor introduce dos nuevas divinidades:
Afrodita y Hermes, que se encargan de hacerla atractiva.

15. Cf. Platón, *Ley.* 781a, donde compara la mujer con el hombre y
dice que es «más furtiva, más astuta y peor ante la virtud». Los epítetos aplicados a Hermes son los más oscuros que se le atribuyen.

16. Al igual que en *Te.* 571, no menciona el agua, como hizo en el
v. 61. Tal vez, como indica Verdenius, porque la tierra es la primera
sustancia.

17. Se consignan entre corchetes los pasajes, versos o palabras de autenticidad discutida. Esta indicación no concierne a los títulos de los
epígrafes.

Zeus; a continuación, el heraldo de los dioses le infundió
voz[18] y llamó a esta mujer Pandora[19], porque todos los que
habitan en las moradas olímpicas le dieron un don, sufrimiento para los hombres, comedores de pan.

Después que terminó el arduo engaño, contra el que
nada se puede hacer, el padre envía hacia Epimeteo con
el regalo al ilustre Argifonte, rápido mensajero de los
dioses, y Epimeteo no recordó que Prometeo le había dicho que no aceptase jamás un regalo de parte de Zeus
Olímpico, sino que lo devolviese al punto para que no
llegase algún mal a los mortales; después que lo recibió,
cuando tenía el mal, se dio cuenta.

Antes vivían sobre la tierra las tribus de los hombres sin
males, sin arduo trabajo y sin dolorosas enfermedades
que dieron destrucción a los hombres [que al punto en la
maldad los mortales envejecen][20]. Pero la mujer, quitan-
do con las manos la gran tapa de la jarra, los esparció y
ocasionó penosas preocupaciones a los hombres[21]. Sola

80

85

90

95

---

18. Numerosos críticos han considerado este verso espurio. Bentley, Rzach y otros lo atetizan basándose en que ya en el v. 61 Hefesto recibió la orden de darle voz. Esto se puede salvar si, como opinan Lendle, Mazon y Verdenius, damos un valor diferente a cada una de las palabras. Lendle: *aude* = aparato vocal, *tone* = elocuencia; Mazon: *aude* = voz, *tone* = palabra, y Verdenius: *aude* = voz articulada, *tone* = voz sonora.

19. Pandora originariamente fue un epíteto de la madre tierra «dadora de todo», y aparece representada en varios vasos saliendo de la tierra. Después fue considerada mensajera de la tierra y, como la tierra, prototipo de la mujer. Cf. Paus. I, 24, 7.

20. Este verso en unos manuscritos aparece citado al margen, en otros dentro del texto. Se trata de un verso idéntico a *Od.* XIX, 360. Lehrs (en *Quaest. Epicae,* p. 229) lo explica por una lectura errónea de *geras* muy similar a *keras* del verso anterior.

21. En este mito se pueden ver reminiscencias orientales; al igual que Eva, Pandora es el origen de los males humanos. Mayor semejanza

allí permaneció la esperanza[22], en infrangible prisión bajo los bordes de la jarra, y no voló hacia la puerta, pues antes se cerró la tapa de la jarra [por decisión del portador de
100 la Égida, amontonador de nubes]. Y otras infinitas penalidades estaban revoloteando sobre los hombres, pues llena de males estaba la tierra y lleno el mar; las enfermedades, unas de día, otras de noche, a su capricho van y vienen llevando males para los mortales en silencio, pues el providente Zeus les quitó la voz; de esta manera ni si-
105 quiera es posible esquivar la voluntad de Zeus[23].

---

puede verse aún en la historia de los hermanos Anubis y Bata, que se conoce por un manuscrito egipcio de 1225 a.C. Según ésta, la esposa de Anubis acusa a Bata de seducirla; éste decide retirarse al valle del Cedar y el dios Ra, para premiar su inocencia, ordena a Khnum (Hefesto en Hesíodo) hacerle una mujer de miembros más hermosos que ninguna otra. El final de la historia es que también la mujer acarrea un gran número de males a Bata, aunque al final triunfa él (cf. Walcot, *Hesiod and the Near East*).

22. Numerosas son las interpretaciones dadas sobre la permanencia de la esperanza; según Verdenius, pueden agruparse en dos tipos: a) los que creen que sirve para guardar la esperanza para los hombres, en este caso la jarra sería la despensa; b) aquellos que opinan que es para alejarla de los hombres, en este caso la jarra sería una prisión. Por otra parte, *elpis* puede ser considerada: a) *un bien,* consuelo para los hombres en su miseria. Esto plantea el problema de su presencia donde sólo hay males y hace pensar en un cruce de dos historias, cf. *Il.* XXIV, 527, donde se nos dice que Zeus tiene dos toneles, uno de males y otro de bienes; b) *un mal* que se conserva para el hombre, pero esto parece absurdo, pues si cerrar la jarra supone conservar los males, no se entiende cómo, según Hesíodo, los males se extienden al abrirla. Ante este cúmulo de explicaciones, Verdenius da una, un tanto ingeniosa para él: *elpis* no significa 'esperanza', sino 'espera', por lo que, al quedar dentro de la caja, los hombres recibirían los males sin esperarlos.

23. Para cerrar esta parte, Hesíodo repite la misma idea de *Te.* 613, pero aquí con sentido menos preciso.

[Mito de las razas]

Si quieres ahora, con todo detalle te contaré otro relato[24] y tú grábate en tu mente [cómo dioses y hombres han llegado a ser del mismo origen][25].

En un primer momento los inmortales que habitaban 110
las moradas olímpicas crearon una raza áurea de hombres mortales. Éstos existían en época de Crono, cuando él reinaba sobre el Cielo[26], y vivían como dioses con un corazón sin preocupaciones, sin trabajo y miseria, ni si-

---

24. *betéron:* diversas y variadas son las especulaciones sobre la conexión entre esta historia y la anterior. La solución puede estar, como afirma West, en negar la conexión. Hesíodo conoce otra historia sobre el paso del hombre del paraíso original a la presente miseria y decide contarla a continuación en este poema (lo mismo opina Fontenrose, *CP 69,* 1974). Hay que pensar que Hesíodo no es un simple contador de historias y que el nuevo relato debe de tener un propósito especial. Hesíodo trata de explicar el origen del mal, no su desarrollo, y puede tratar de explicarnos que el castigo divino se debe no sólo a la conducta de Prometeo, sino también a la conducta general de los hombres (Verdenius). Así, según el mismo autor, la historia de Prometeo puede considerarse la parte *protéctica* del poema (exhortación al trabajo) y el mito de las edades la *aprotéctica* (para evitar hacer injusticia).

25. La autenticidad de este verso ha sido puesta en duda por Mazon y otros, porque piensan que la idea de un origen común de dioses y hombres no tiene consistencia si se nos habla de que los dioses han creado a los hombres. Wilamowitz la conserva y señala que la intención del poeta es mantener el orden tradicional de la historia. Esta teoría se puede ver ratificada en la corrección que propone García Calvo en *Emerita* 23 (1955): «dioses y hombres mortales tuvieron un mismo origen».

26. Solmsen *(HSPC* 86, 1982) piensa que este verso interfiere con el anterior: «los Inmortales que tienen las moradas olímpicas», que serían Zeus y el resto de los Olímpicos. West salva el problema pensando que Hesíodo combina, por un lado, el mito de las edades y, por otro lado, el mito que creía en la existencia de una vida feliz en época

quiera la terrible vejez estaba presente, sino que siempre
del mismo aspecto en pies y manos se regocijaban en los
banquetes lejos de todo mal, y morían encadenados por
un sueño[27]; tenían toda clase de bienes y la tierra de ricas
entrañas espontáneamente producía mucho y abundante fruto; ellos tranquilos y contentos compartían sus trabajos con muchos deleites[28].

Después que la tierra sepultó esta raza, ellos, por decisión del gran Zeus, son démones[29], favorables, terrenales, guardianes de hombres mortales [ellos vigilan las sentencias y las funestas acciones, yendo y viniendo por todas las partes en la tierra, envueltos en bruma[30]], dispensadores de riqueza, pues también obtuvieron este don real.

de Crono, relacionado con las Cronias, festival que se celebra después de las cosechas.
27. *Hypnos* en *Te.* 756 se presenta como hermano de la muerte. Esta misma idea la tenemos ya en Homero *Il.* XIV, 231, y *Od.* XVIII, 202 ss., e incluso en autores posteriores (Hrdto. I, 31, 3-5, Esq. *Ag.* 451), donde vemos cómo la forma ideal de muerte era morir durante el sueño.
28. West, en su edición, cita el verso 120, que aparece citado en Diodoro: «Ricos en rebaños gratos a los dioses bienaventurados». Dicearco, en su interpretación racionalista, lo ignoró, pues su raza de oro no tiene animales ni riquezas.
29. En Homero la palabra *daimon* fue utilizada como sinónimo de *theoi*, sobre todo en singular, y como responsable del bien de los hombres. Hesíodo lo aplica ya a las divinidades menores. Puede tratarse de una interpretación de acuerdo con las creencias populares en los Trolds, demonios, etc. Cf. Lasso de la Vega, *Introducción a Homero*, p. 267.
30. Faltan en algunos papiros, no los citan Plutarco, Proclo ni Macrobio. Solmsen y Mazon los ponen entre corchetes porque se repiten en 254-5; no es razón suficiente para suponer una introducción posterior, ya que Hesíodo tiene otras repeticiones.

A continuación, una segunda raza mucho peor, de plata, crearon los que habitan las moradas olímpicas, en nada semejante a la de oro en cuanto a naturaleza e inteligencia; pues durante cien años[31] el niño crecía junto a su prudente madre, retozando de manera muy infantil en su casa, y cuando les había alcanzado la pubertad y les llegaba la edad de la juventud, vivían durante muy poco tiempo, con sufrimientos por falta de experiencia, pues no podían apartar unos de otros la temeraria hybris, ni querían rendir culto a los Inmortales ni sacrificar sobre los sagrados altares de los Bienaventurados, como es norma para los hombres, según sus costumbres. A éstos, después, Zeus Crónida, irritado, los hizo desaparecer porque no honraban a los bienaventurados dioses que habitan el Olimpo.

Luego, después que la tierra sepultó a esta raza, éstos, subterráneos, se llaman bienaventurados mortales, inferiores; a pesar de todo, también a éstos acompaña el honor.

El padre Zeus creó otra tercera raza de hombres mortales, de bronce, en nada semejante a la de plata, nacida de los fresnos[32], terrible y vigorosa; a éstos les preocupaban las funestas acciones de Ares y los actos de violencia; no se alimentaban de pan, pues tenían valeroso corazón

---

31. Cf. Génesis, allí la primera raza vive en torno a los 960 años (Matusalén); esta raza fue destruida por el diluvio y en la siguiente limitan la vida a los 120 años, edad similar a la que Hesíodo da a los hombres de plata; él no da edad a los hombres de oro. Por lo que respecta a la educación junto a sus madres, Proclo lo compara con Platón, *Ley.* 694c, cuando habla de la debilidad de los hijos de Darío, causada por ser educados junto a sus madres.
32. *ek melian.* El uso de esta forma hace pensar a West que el autor, al componer el pasaje, piensa en las *ninfas meliadas.*

de acero. [¡Rudos!, gran fuerza y terribles manos nacían de sus hombros sobre robustos miembros.]
150 Broncíneas eran sus armas, broncíneas sus casas y con bronce trabajaban, pues no existía el negro hierro. Sometidos por sus propias manos descendieron a la enmohecida morada del horrible Hades en el anonimato, pues, aunque eran brillantes, también les sorprendió la
155 negra muerte y dejaron la brillante luz del sol.

Después que la tierra sepultó esta raza[33], de nuevo Zeus Crónida, sobre la fecunda tierra, creó una cuarta, más justa y mejor[34], raza divina de héroes que se llaman
160 semidioses, primera especie en la tierra sin límites. A éstos la malvada guerra y el terrible combate los aniquilaron, a unos luchando junto a Tebas, de siete puertas, en la tierra Cadmea, por causa de los hijos de Edipo; a otros, conduciéndolos en naves sobre el abismo del mar
165 hacia Troya, por causa de Helena de hermosa cabellera. [Allí realmente la muerte envolvió a unos;] a otros el padre Zeus, proporcionándoles vida y costumbres lejos de
170 los hombres, los estableció en los confines de la tierra. Éstos, con un corazón sin preocupaciones, viven en las islas de los bienaventurados[35], junto al profundo Océano, héroes felices; para ellos la tierra rica en sus entrañas

---

33. Se repite el v. 121 y 140, pero aquí el poeta lo utiliza como nexo para pasar a la raza siguiente.
34. *areion*, mejor en el sentido moral, frente al sentido social del v. 193 o físico del v. 207. Hesíodo interrumpe la degeneración intentando demostrar principalmente a los reyes que la guerra no estaba ausente de esta generación, pero que en conjunto era más justa y la desaparición de la justicia es el peligro más serio del mundo presente y futuro.
35. Madeira o Canarias.

produce fruto dulce como la miel que florece tres veces 173a-e
al año. [Lejos de los Inmortales entre éstos reina Crono.]
[Pues el propio] padre de hombres y [dioses] lo libró
y ahora siempre] entre éstos tiene honor [como conviene.
Y Zeus a su vez] otra raza [colocó de hombres mortales
cuantos ahora] existen sobre [la tierra rica en frutos].

Y después no hubiera querido yo estar entre los hombres de la quinta raza, sino que hubiera querido morir antes o nacer después. Pues ahora existe una raza de hierro; ni de día, ni de noche cesarán de estar agobiados por la fatiga y la miseria; y los dioses les darán arduas preocupaciones. Continuamente se mezclarán bienes con males. 175

Zeus destruirá también esta raza de hombres mortales, 180
cuando al nacer resulten encanecidos[36]. El padre no será semejante a los hijos, ni los hijos al padre; el huésped no será grato al que da hospitalidad, ni el compañero al compañero, ni el hermano al hermano, como antes[37].

Despreciarán a los padres tan pronto como lleguen a la 185
vejez; los censurarán hablándoles con duras palabras, faltos de entrañas, desconocedores del temor de los dioses; no podrán dar el alimento debido[38] a los padres que

---

36. Wilamowitz señala el contraste con la edad de plata en que eran niños durante toda su vida. No parece acertado relacionar este pasaje con Diodoro Sículo, 5, 32, que recoge una noticia sobre el color claro de los niños celtas.
37. Conceptos similares aparecen en *Ancient Near Eastern texts,* J. B. Pritchard (ed.) (Princeton, 1969), y en el Antiguo Testamento: Isaías, 3, 5; Miqueas, 7, 2, así como en el Mahabharata, 3, 189.
38. Jaeger, en *Paideia,* observa que este pasaje se refiere a las tres principales leyes *agrafoi* de respeto a padres, dioses y extranjeros; su formulación como código tripartito no aparece antes de Esquilo (*Sup.* 701-9, en boca del coro).

envejecen éstos para quienes la fuerza es justicia; uno ejercerá el pillaje sobre la ciudad del otro; no habrá consideración del que es fiel al juramento, no del justo ni del bueno; estimarán más al malhechor; la violencia y la justicia estarán en las manos; no habrá respeto; el malvado dañará al hombre bueno increpándole con palabras de franqueza y se valdrá del juramento.

La destructora envidia de mirada siniestra, que se alegra del mal ajeno, seguirá a todos los hombres malvados.

Entonces hacia el Olimpo desde la ancha tierra, cubriendo su suave piel con blancos vestidos, se dirigirán Aidós y Némesis[39], en medio de la multitud de los inmortales, tras abandonar a los hombres; sólo penosos dolores quedarán para los mortales; no habrá remedio para el mal.

[Fábula del halcón y el ruiseñor[40]]

Ahora diré una fábula a los reyes, aunque sean sabios. Así habló el halcón al ruiseñor de abigarrado cuello, mientras lo llevaba muy alto en las nubes tras haberlo capturado con sus uñas; éste, atravesado por las curva-

---

39. Cf. Glosario *infra*.
40. La fábula del Halcón y el Ruiseñor continúa el tema de *Dike* y de *Hybris*. Este tipo de fábulas tiene antecedentes en la literatura sumeria y babilonia del segundo milenio y también en la literatura hebrea. Junto con el mito de las cinco edades forma la base para la admonición dirigida a Perses (v. 213) y a los jueces (v. 248). No son paralelas ambas historias porque en el mito de las edades reciben males tanto el hacedor de males como la víctima y en la fábula sólo el débil. Según Verdenius, los animales no conocen la *dike* y los jueces han llegado a tal grado de olvido que llegan a parecer salvajes como los animales.

das uñas, miserablemente se lamentaba; aquél, de manera altiva, le dijo estas palabras:

«Infeliz, ¿por qué estás chillando?[41]. Ahora te tiene uno mucho más fuerte, de esta manera irás por donde yo te lleve, por muy cantor que seas, y te comeré, si quiero, o te soltaré. ¡Insensato quien quiera compararse a los 210 más poderosos! Se priva de la victoria y además de infamias sufre dolores.»

Así dijo el halcón de vuelo rápido, ave de amplias alas.

Perses, tú escucha el recto proceder y no hagas crecer la soberbia, pues la soberbia es mala para el infeliz mortal; ni siquiera el noble puede soportarla con facilidad, 215 sino que se agobia bajo ella al encontrarse con el desastre; pero hay un camino mejor: pasar desde la otra parte a lo justo; pues justicia prevalece sobre desmesura cuando llega su momento y el necio aprende sufriendo.

Al punto, tras las torcidas sentencias, corre juramento y surgen lamentos cuando justicia es arrastrada, allí por 220 donde la conducen hombres devoradores de regalos y juzgan las normas con torcidas sentencias; ella sigue lamentándose de la ciudad y de las costumbres de los pueblos, cubierta de bruma, portando mal para los hombres[42] que la rechazan y no la distribuyen equitativamente.

---

41. *lelekas:* usado en Homero, *Il.* XXII, 141, aplicado a un halcón, su uso en este texto parece sarcástico, el halcón trata a su víctima como un serio enemigo.

42. Formado en parte del v. 103 y en parte del v. 125, Mazon y Sinclair lo atetizan, el primero porque dice que es Zeus, no *Dike,* quien trae el castigo para el hombre; el segundo dice que es raro hablar de una divinidad trayendo males para la ciudad. West señala que el contexto requiere la mención de castigo.

225 ⁴³Para quienes dan sentencias equitativas a indígenas y extranjeros y que no quebrantan lo justo, la ciudad es floreciente y los habitantes prosperan en ella; la paz, nodriza de la juventud, está sobre la tierra y jamás Zeus, de
230 amplia mirada, les decreta funesta guerra; jamás hambre ni destrucción acompañan a los hombres de justicia, sino que en las fiestas gozan de los frutos que han cultivado. La tierra les produce abundante alimento y en los montes la encina produce bellotas⁴⁴ en su copa y abejas en el centro; lanudas ovejas están agobiadas con sus vello-
235 nes; las mujeres engendran hijos que se parecen a sus padres y continuamente abundan en bienes, y no tienen que viajar sobre naves, pues la tierra de ricas entrañas les produce fruto⁴⁵.

Pero a quienes preocupan malvada desmesura y funestas acciones, para éstos el Crónida de amplia mirada asigna
240 justicia. Pues muchas veces toda una ciudad participa de la suerte de un hombre malo que es culpable y maquina

---

43. Comienza la exposición de la ciudad justa e injusta. Tiene paralelismo en su concepción y contenido con la literatura semítica y hebrea (cf. Levítico, 26; Deuteronomio, 28, consejos a un príncipe).
44. Las bellotas en Homero, así como en pasajes del Antiguo y Nuevo Testamento, se consideraban alimento de cerdos. Hesíodo parece darles más valor. Arqueología y leyenda dan testimonio de que, en el Neolítico, en Tesalia y Arcadia eran de uso común antes del cultivo de los cereales (cf. Dicearco, frgs. 48-9; Lucrecio, 5, 939; Virgilio *Geórgicas,* I 8, etc.). En época histórica las comían quienes no tenían otro alimento; según el oráculo pítico, eran el alimento de los arcadios (Hrdto. I, 66). Hipócrates refiere sus efectos en el intestino.
45. Nos dice que eran económicamente autosuficientes y que no necesitaban arriesgar su vida en barcos mercantes. Descripción similar a la vida de los hombres de la Edad de Oro (vv. 116-9).

locuras[46]. Para éstos desde el cielo el Crónida hizo descender gran sufrimiento, peste y hambre por igual y las gentes perecen; [las mujeres no engendran, los hogares se aniquilan por la sagacidad de Zeus Olímpico, pero otras veces] el Crónida los hace perecer, o bien les destruye el amplio ejército, o las murallas, o las naves en el Ponto[47]. 245

Reyes, considerad vosotros mismos también esta justicia, pues de cerca, estando entre los hombres, los inmortales vigilan a cuantos en tortuosas sentencias se consumen unos y otros sin preocuparse del castigo de los dioses[48]. Pues sobre la tierra rica en fruto treinta mil son los inmortales, por orden de Zeus, vigilantes de los hombres mortales; éstos vigilan sentencias y funestas acciones cubiertos de bruma, yendo y viniendo sobre la tierra por todas partes[49]. 250

255

Existe una virgen, Dike[50], hija de Zeus, majestuosa y respetable para los dioses que habitan el Olimpo; cuando alguien, despreciándola con torcidas sentencias, la daña, al punto sentada junto a Zeus, padre Crónida, can- 260

---

46. Los escoliastas citan como ejemplo de castigos que afectan a toda la población por culpa de un solo hombre los casos de Edipo de Tebas y Agamenón de Troya.
47. La descripción de «dicha a los pueblos justos» y de «castigo a los criminales» se ordena según un tipo tradicional que se encuentra en *Od.* XIX, 104-114, y, después de Hesíodo, en Esq. *Sup.* 625 ss.; *Eum.* 916 ss.; Calímaco, *Himno a Ártemis,* e incluso en historiadores como Hrdto., III, 65, 6. En todos ellos hay una división en tres partes: hombres, casas y rebaños, pero, según los casos, se insiste en uno de los temas.
48. Estos vigilantes a los que alude Hesíodo son similares a quienes supervisan los contratos en nombre de Mitra en el Avesta y Mitra Varuna en los Vedas. Se puede considerar una tradición indoeuropea.
49. Cf. vv. 124-5.
50. Cf. Glosario *infra.*

ta la manera de pensar de hombres injustos para que el pueblo pague las locuras de los reyes, quienes maquinando cosas terribles desvían el veredicto hablando de manera tortuosa. Vigilando esto, reyes devoradores de regalos, enderezad los veredictos y olvidad las sentencias tortuosas en su totalidad.

265 Un hombre, maquinando males para otros, los maquina para sí mismo, y una mala decisión es malísima para quien la toma.

El ojo de Zeus, que todo lo ve y todo lo comprende, también, si quiere, ve esto y no le pasa inadvertida qué
270 clase de justicia la ciudad encierra dentro. Pero ahora ni yo mismo sea justo entre los hombres, ni mi hijo, puesto que es malo ser hombre justo, si el injusto va a tener mayor justicia. Mas espero que en modo alguno el providente Zeus cumpla esto.

275 Perses, grábate esto en tu corazón, presta atención a la justicia y olvida por completo la violencia. Pues el Crónida puso esta norma para los hombres: para peces, fieras y pájaros voladores comerse unos a otros, puesto que no
280 hay justicia en ellos, pero a los hombres les dio justicia que es más provechosa; pues si alguien, una vez que las conoce, quiere proclamar las cosas justas, a ése Zeus de amplia mirada le da felicidad, pero quien en sus testimonios se engañe perjurando voluntariamente y al mismo tiempo dañando a Dike, se extravíe de manera incura-
285 ble; detrás de ése ha quedado una descendencia desconocida, mientras que detrás de un hombre fiel al juramento queda una descendencia mejor[51].

---

51. Alusión al mito de las edades.

[El trabajo, superioridad sobre el ocio]

Gran insensato Perses, te hablaré tomando en consideración cosas nobles; es posible elegir con facilidad miseria, incluso en tropel; el camino hasta ella es llano y habita muy cerca; en cambio, delante de la prosperidad[52] los dioses inmortales pusieron sudor y largo y empinado es   290
el camino hacia ella, incluso arduo al principio, pero cuando se llega a la cima, después es fácil, aunque sea duro[53].

Pues el mejor es quien, reflexionando consigo mismo,   295
comprende todo lo que después, incluso al final, será lo mejor y, a su vez, también bueno aquel que obedece al que bien le aconseja, pero quien ni reflexiona por sí mismo, ni oyendo a otro lo toma en consideración, éste, por el contrario, es hombre inútil.

Pero recordando en todo momento nuestra recomendación, tú, Perses, descendencia divina[54], trabaja para que hambre te odie y la venerable Deméter, de hermosa   300
corona, te sea grata y llene tu granero de riqueza, pues hambre es siempre compañía adecuada al hombre inacti-

---

52. *Kakotes* y *areté*, tomados no en el sentido de *vicio* y *virtud*, sino en el de clase superior e inferior de la sociedad, determinada por la prosperidad material.
53. Como señalan Martínez Díez y Pérez Jiménez (ob. cit. en Bibl.), este concepto es una de las grandes aportaciones a la poesía filosófica de Parménides y Empédocles y a la prosa de Heráclito. Sin duda también lo tiene en cuenta Simónides (frg. 74 Page).
54. Una lectura equivocada de este pasaje ha llevado a la suposición de que el padre de Hesíodo y Perses se llamaba «Dios». Proclo piensa que hace referencia a Orfeo y Calíope como padres divinos de los dos hermanos. Asimismo, puede tratarse de un título simplemente honorífico, como ocurre con Eumeo en la *Odisea*. Sinclair opina que puede tratarse de un uso irónico.

vo, y dioses y hombres se irritan con quien vive inactivo,
305 semejante en su actividad a los zánganos sin aguijón,
que, comiendo sin trabajar, esquilman el fruto del trabajo de las abejas. Sea grato para ti organizar de forma mesurada las acciones, de modo que se llenen los graneros de fruto maduro.

A partir de los trabajos los hombres son ricos en rebaños y en oro; y si trabajas serás mucho más grato para los
310 inmortales y [para los mortales, pues muchos desprecian a los inactivos].

Nada reprochable es el trabajo, muy reprochable es la inactividad. Pero si trabajas rápidamente, el hombre inactivo te envidiará a ti que te enriqueces, pues éxito y prestigio acompañan a la riqueza.

En la suerte en que estás el trabajar es más provechoso;
315 si es que apartando el voluble ánimo de las riquezas ajenas ya quieres procurarte el sustento, como te ordeno.

Vergüenza no buena embarga al hombre necesitado, vergüenza que mucho daña o aprovecha a los hombres[55]; vergüenza unida a miseria, igual que arrogancia a riqueza.

320 No se trata de arrebatar las riquezas, los dones dados por los dioses son mucho mejores[56]; pues si alguien con sus manos adquiere a la fuerza una gran fortuna, o se la procura por su lengua, como sucede muchas veces, cuando el deseo de ganancia engaña las mentes de los

---

55. Condenado por Aristarco, Mazon lo atetiza y dice que se trata de un préstamo de *Il.* XXIV, 45.
56. Esta misma idea se encuentra en Instruc. de Amen-em-Opet, 8, 18 ss.: «mejor es una fanega que el dios da que cinco mil por la fuerza; éstas no permanecerán ni un día en el granero». Cf. también Solón, frg. 1 D, 9 ss.; Teognis, 197-202; Pínd. *Nemea,* 8, 17.

hombres y desvergüenza ahuyenta a honradez, fácilmente los dioses le debilitan y arruinan la casa de ese hombre; y por poco tiempo le acompaña felicidad.

De la misma manera, con quien hace mal al suplicante y al huésped, con quien sube al lecho de su hermano [en oculta unión con su esposa, haciendo cosas infames], con quien con insensatez causa daño a los hijos huérfanos de éste y con quien censura a su anciano padre en el triste umbral de la vejez increpándole con duras palabras, con éste realmente el mismo Zeus se indigna y al fin, a cambio de las obras injustas, le prepara duro castigo. Aparta tú de una vez tu voluble ánimo de esto[57].

En la medida de tus posibilidades, de manera respetuosa y sin contaminación, haz sacrificios a los dioses inmortales y quema en su honor espléndidos muslos; otras veces háztelos propicios con perfumadas libaciones, bien cuando te acuestes, bien cuando llegue la luz del día para que tengan corazón y ánimo favorable para ti y compres la herencia de otro y no otro la tuya.

Invita al amigo a la mesa y deja al enemigo; invita principalmente al que vive cerca de ti, ya que, si se presenta alguna dificultad local, los vecinos acuden sin ceñirse, pero los parientes han de ceñirse[58].

---

57. Hesíodo no perfila una clara distinción entre moralidad y religión. Se mencionan juntos el deber de honrar a los padres y a los dioses. Por eso un pasaje sobre descuido de los deberes sociales puede ir acompañado de uno sobre observancia de los deberes religiosos. Castigo y recompensa son aspectos complementarios del mismo poder y son enfatizados alternativamente según se trate de exhortación o de prohibición.
58. Con ello nos indica que el vecino, por estar más cerca, acude al momento tal y como se encuentra, en cambio el pariente, si vive lejos, ha de arreglarse.

El mal vecino es una calamidad; en cambio, el bueno es una suerte; tiene premio quien tiene un buen vecino; no te perecería el buey si no tuvieras mal vecino[59]. Mide con exactitud lo que tomas prestado del vecino y devuélveselo en la misma medida, e incluso más si puedes, para que, si vuelves a tener necesidad, también después encuentres lo suficiente. No saques provecho de los males; las malas ganancias son iguales a los infortunios.

Muestra aprecio al que te aprecia y acércate al que se acerque a ti; da a quien te dé y no des a quien no te dé; cualquiera da al dadivoso, pero nadie da a quien no regala con gusto; la dádiva es provechosa, pero la rapiña es malvada, dispensadora de muerte; cualquier hombre que dé de buen grado, éste mucho se alegra con la dádiva y se regocija en su ánimo, pero si alguien, obedeciendo a desvergüenza, cometiese acto de rapiña, aunque sea poco, eso le hiela el corazón.

Pues si amontonas poco sobre poco y con frecuencia haces esto, rápidamente eso será grande; quien amontona sobre lo que existe, éste evitará hambre ardiente.

No preocupa al hombre lo que está en casa; es mejor que esté en casa, pues lo de fuera es nocivo.

Es bueno coger de lo que está presente, pero malo para el ánimo tener necesidad de lo ausente; te pido que consideres estas cosas.

---

59. Alusión a la costumbre de Cime, según la cual un hombre que había sido víctima de un robo era compensado por sus vecinos. Cf. el refrán español «Quien ha buen vecino, ha buen amigo».

[Consejos de administración]

Sáciate cuando comiences y cuando termines la tinaja, ahorra cuando esté a mitad, pues el ahorro, cuando se llega al fondo, es despreciable[60]. 370

[Sea suficiente el salario convenido con el amigo; con el hermano, aunque bromeando, prepara testigo[61], pues realmente por igual confianza y desconfianza destruyen a los hombres.]

No engañe tu mente una mujer de trasero emperifollado, susurrando palabras seductoras mientras busca tu granero[62]; quien confía en una mujer, ése confía en los ladrones. 375

Ojalá exista un solo hijo para mantener el patrimonio, pues así aumentará la riqueza de la casa; pero ojalá mueras anciano, caso de dejar otro hijo[63]. Con facilidad Zeus podría proporcionar inmensa fortuna para muchos, pues mayor es el cuidado de los más y mayor el rendimiento. 380

---

60. Otra serie de máximas relativas a la buena economía. El *pithos* en otro tiempo se utilizaba para contener vino y se decía que el vino en el medio de la vasija era mejor que el del comienzo, porque a éste lo estropeaba el aire, y también mejor que el del fondo, que se estropeaba con los posos.
61. Cf. el refrán español «Entre dos hermanos, dos testigos y un notario», y Proverbios, 17-8: «Es necio el que estrecha la mano empeñándose por otro». Estos versos se introdujeron en época tardía, pero se han conservado en Proclo desde la Antigüedad.
62. Cf. *Te.* 598-9; enfatiza sobre la glotonería de la mujer y mantiene ante ella una actitud crítica. Con su «quien confía en mujer confía en engañador», anticipa a Semónides (cf. n. 51a *Te., supra*).
63. Con frecuencia los legisladores antiguos propusieron medidas para limitar el número de hijos: Licurgo en Esparta (*Proclo*, 237, 15), Filolao en Tebas (Aristót., *Polít.*). Éste fue posteriormente el deseo de Platón, *Ley.*, 740d. Para Hesíodo es un simple deseo.

[Trabajos del campo]

[Proemio]

Si en tu mente el espíritu está ansioso de riqueza, obra así y realiza trabajo después de trabajo.

Comienza la siega cuando nazcan las Pléyades engen-
385 dradas por Atlas y la siembra cuando se pongan, pues están ocultas durante cuarenta noches y cuarenta días y en el transcurso del año se muestran de nuevo por primera vez cuando se afila la guadaña[64].

Ésta es la ley de los campos para los que viven cerca del
390 mar y para los que, lejos del agitado Ponto, en valles encajonados, habitan fértil lugar[65]: siembra desnudo, trabaja desnudo y siega desnudo, si es que quieres realizar en su tiempo todos los trabajos de Deméter para que cada uno crezca en su tiempo, no sea que después, cuando estés
395 necesitado, recorras mendigando moradas extrañas y no consigas nada. Así como ahora viniste hacia mí; pero yo ni te daré nada ni te prestaré. Realiza, necio Perses, los traba-

---

64. Fija las dos fechas más importantes, la de la siega: 14 de mayo, en su primera aparición antes de salir el sol, y la de la siembra: 3 de noviembre, primera desaparición después de salir el sol.
65. Norma popular que resulta oscura. En opinión de Proclo, es norma válida para todos los países: llanura, regiones marítimas y montañosas. Al igual que Mazon, creemos que *hoi te... hoi te* es el desarrollo de *pedion,* que sin duda para Hesíodo es aquí 'campo cultivado'. La verdadera interpretación sería la de Moscópulo, 353, 23: «Ésta es la ley de la tierra cultivada para quienes viven cerca del mar y para quienes viven en encajonados valles». División natural para un beocio, los que habitan cerca del mar serían los de la llanura del Asopo y los que habitan valles encajonados son los que, como Hesíodo, cultivan la Beocia central, una de las tierras más fértiles de Grecia.

jos que los dioses asignaron a los hombres, para que nunca, estando afligido en el ánimo, con tu mujer y tus hijos, tengas que buscar subsistencia entre los vecinos y éstos no te hagan caso. Pues tal vez dos o incluso tres veces conseguirás algo, pero si aún te angustias, no conseguirás nada; dirás muchas palabras vanas, pero inútil será el campo de las palabras[66]. Te exhorto a preocuparte del pago de las deudas y a ponerte a buen recaudo del hambre.

En primer lugar, procúrate casa[67], mujer y buey de trabajo [mujer no casada, adquirida, que incluso siga a los bueyes]. Haz todos los útiles necesarios en casa, para que no tengas que pedir a otro, éste te lo niegue, tú estés necesitado y, en tanto, se pase la ocasión y la labor se pierda. No dejes nada para mañana y pasado mañana[68], pues ni el hombre negligente ni el moroso llenan granero, pero sí engrandece la obra el celo, pues siempre el hombre holgazán que aplaza la tarea lucha con la ruina.

[Otoño]

Cuando cesa la fuerza del agudo sol, calor ardiente que provoca sudor, al producir lluvia al comienzo[69] del otoño

---

66. Cf. *Il.* XX, 248, *Himno Ap.,* 20 ss., diversas son las interpretaciones de *nomós*. Según Mazon la mejor es la de Eustacio, 'el pasto', el elemento esencial del campesino.
67. Este verso era completamente desconocido por Aristóteles, que explica *gynaika* como esposa; es posible que el verso fuera conocido en el siglo IV, pero Aristóteles, al citar de memoria, pudo olvidarlo.
68. Cf. el refrán español «No dejes para mañana lo que puedas hacer hoy».
69. Seguimos en *metoporinón* la interpretación de Mazon, no «el fin», sino, al contrario, «el comienzo» del otoño, es decir, el cambio de estación que lleva al otoño: las lluvias de septiembre.

el poderoso Zeus, el cuerpo del mortal se vuelve mucho más ágil, pues entonces el astro Sirio[70] sobre la cabeza de los mortales alimentados para el infortunio camina un poco durante el día, y en su mayor parte retorna durante
420 la noche; entonces la madera cortada por el hacha está muy libre de carcoma, pues caen en tierra las hojas y cesa la germinación; corta en ese momento la madera recordando las obras propias de la estación. Corta un mortero de tres pies[71], una maja de tres codos y un eje de siete
425 pies; pues realmente ahí estará bien medido, si fuera de ocho pies también podrías cortar un mazo. Corta un eje[72] de tres palmos para un carro de diez manos y muchos maderos curvos.

Cuando la encuentres, buscándola en el monte o en el llano, lleva a casa la garganta de carrasca, pues es la más
430 fuerte para cultivar con los bueyes, cuando el esclavo de Atenea, fijándola en el dental con clavos, una vez aplicada la acople al timón.

---

70. En Homero, el «perro». Hesíodo es el primero que usa el nombre *Sirio*, bien como adjetivo (en este verso), o como sustantivo (vv. 587, 609); su orto helical se produce el 19 de julio, y su ocaso, el 22 de noviembre. Hesíodo parece referirse a la tercera semana de septiembre, momento en que su salida se produce cuatro horas más temprano, es decir, de noche.
71. Mortero y maja era el método más primitivo de moler el grano, según puede observarse en múltiples representaciones. El mortero debía ser de madera o piedra, su altura de tres pies (se desconoce la longitud del pie en Hesíodo, en la actualidad va de 29 a 33 cm) era la apropiada para una persona de pie.
72. *apsis* designa el cuarto de rueda, y *amaxa*, la rueda, es decir, el diámetro que era el módulo para clasificar los carros; la rueda descrita por Hesíodo debe ser la radiada, no la de una pieza (más antigua).

Prepara dos arados distintos, trabajándolos en casa, uno de una sola pieza, el otro compuesto[73], puesto que así es mucho mejor, pues si rompieras uno podrías poner otro a los bueyes. De laurel u olmo son los timones que no carcomen los gusanos; el dental, de encina; la garganta, de carrasca. 435

Adquiere dos bueyes machos de nueve años; ya que [su fuerza no es débil, pues tienen la plenitud de la edad]; son los mejores para trabajar, pues no romperán el arado por disputar en el surco, ni dejarán la obra inacabada. 440 Deberá seguir a éstos un hombre fuerte de unos cuarenta años, después de desayunar un pan de cuatro partes[74] y ocho porciones. Él, preocupándose del trabajo, trace recto surco sin mirar ansiosamente a los de su misma edad, sino teniendo el ánimo en su trabajo. En modo alguno es 445 mejor otro más[75] joven que éste para distribuir las semillas y evitar nuevas sementeras, pues el varón más joven se enloquece detrás de los de su misma edad.

Presta atención cuando oigas la voz de la grulla[76] que grita anualmente en lo alto de las nubes; ella trae la señal 450 de la labranza, señala el comienzo del lluvioso invierno y daña el corazón del hombre sin bueyes; entonces engorda a los bueyes de retorcidos cuernos que tienes en

---

73. Diferentes tipos de arados.
74. *tetratryphon: hapax;* Hofinger lo explica como epíteto del pan «amasado en cuatro tiempos».
75. *allos* se refiere al gañán que acompaña al que ara para distribuir la semilla, ya que el labrador lleva las dos manos ocupadas. Esta escena puede verse en representaciones de copas, p. e., la copa Nicóstenes.
76. Bandadas de grullas pasan sobre Grecia en octubre y se dirigen desde los países septentrionales hacia África. En *Il.* III, 3-4, se alude también a la emigración de la grulla.

casa. Pues es fácil decir «dame dos bueyes y carro», pero es más fácil responder diciendo «hay trabajo para mis bueyes».

455 El hombre rico en ardides, precipitado habla de construir un carro; ¡necio!, ni siquiera esto sabe: cien son las partes del carro que debe cuidar tener en casa antes.

Cuando se muestre a los mortales la estación de la ara-
460 da, entonces lanzaos a la vez los esclavos y tú mismo para cultivar la tierra seca y húmeda en la estación de la arada, afanándote muy temprano para que se llenen los campos.

Ara en primavera; y si binas en verano no te engañarás. Siembra el barbecho estando la tierra aún ligera[77]. El barbecho aleja maldiciones y apaga el llanto de los niños.

465 Suplica a Zeus Ctonio[78] y a Deméter Santa que el sagrado fruto de Deméter bien maduro esté cargado, al comenzar las primeras labores, cuando tomando el cabezal de la mancera con la mano llegues con el aguijón a la espalda de los bueyes que arrastran la clavija[79] del yugo.

---

77. El barbecho, según la calidad del terreno, consiste en dejar descansar la tierra uno o dos años. Para Hesíodo los cereales se sembraban en años alternativos; durante el año de barbecho el suelo era removido dos, tres e incluso cuatro veces con arado o azada, sobre todo en primavera o mitad del verano, cf. Jenof. *Econ.* 16, 14.
78. El epíteto Ctonio debe interpretarse no como un dios del mundo subterráneo (Lidell-Scott), sino como dios de la tierra (Nilsson, *Historia de las religiones),* dios de la fertilidad, epíteto apropiado, ya que Zeus se asocia a Deméter. Pausanias, II, 2, 91, nos dice que en Corinto se muestran tres imágenes de Zeus: Ctonio (de la tierra), *hypsistos* (del cielo) y otra sin nombre.
79. Clavija, pieza del arado que une el timón al yugo.

Detrás un joven esclavo[80] dará trabajo a las aves ocultando la semilla con una azada, pues el buen orden es lo mejor para los mortales y el mal orden lo peor.

Así también las espigas con vigor se inclinarán hacia la tierra, si el propio Olímpico después les concede buena maduración; entonces podrás quitar las telas de araña de los recipientes y espero que te alegres cogiendo el fruto que está dentro. Nadando en abundancia llegarás a la blanca primavera[81] y no volverás la mirada a los otros, sino que cualquier otro estará necesitado de ti.

Si cultivas la divina tierra en el solsticio[82], segarás sentado reuniendo poco con la mano, mientras empolvado haces gavillas de frente poco contento, y lo llevarás en un cesto; y pocos te contemplarán.

Por otra parte, versátil es el espíritu de Zeus portador de la Égida y difícil de comprender para los hombres sujetos a la muerte. Pues si realizases la arada tarde, esto podría ser tu remedio: cuando el cuclillo cante por primera vez[83] en las hojas de la encina y deleite a los mortales en la tierra sin límites, entonces pide a Zeus que envíe lluvia al tercer día y no cese, sin sobrepasar la pezuña del

---

80. Un pequeño esclavo con un azadón completaba el trabajo allí donde el arado dejaba el grano descubierto.
81. Los escoliastas refieren el epíteto blanco al color de las espigas; Wilamowitz lo aplica al cielo nublado propio del comienzo de la primavera (nos parece más acertada esta opinión).
82. Se refiere al mismo solsticio de los versos 564-7, que Dick sitúa entre el 26 de diciembre y el 3 de enero. El autor da un aviso: si espera este momento la cosecha será mala.
83. El cuclillo empieza a cantar al comienzo de la primavera y cesa a finales de julio.

490 buey ni quedarse por debajo; así el trabajador tardío podrá igualar al madrugador[84].

Guarda bien todo esto en tu corazón y no te pase inadvertida al llegar la blanca primavera ni la estación de la lluvia.

[Invierno]

Aléjate de la fragua y del soleado pórtico[85] en la estación invernal, cuando el frío aparta al hombre de los trabajos;
495 entonces un hombre diligente deberá engrandecer su casa, no sea que durante el penoso invierno te alcance con pobreza la falta de recursos, y tengas que oprimir con flaca mano entumecido pie[86].

El hombre holgazán pendiente de vana esperanza, cuando necesita medios de vida, lanza en su ánimo muchos reproches.

500 Esperanza no buena acompaña al hombre necesitado, cuando se sienta en el pórtico de tertulia, si para éste no está asegurada la subsistencia.

---

84. Para realizar la sementera, Hesíodo opina que la mejor fecha es la de la mitad de noviembre, antes de la estación de las grandes lluvias, pero si alguno se retrasa no debe hacerlo hasta final del invierno, momento en que cae una lluvia continua poco abundante y se puede coger una buena cosecha de tres meses.
85. *epalea: hapax,* epíteto de *leschen;* en las ciudades dorias, es el pórtico de reunión de los ciudadanos. También 'lugar de asilo donde los viajeros podían pasar la noche'.
86. Cf. Proclo, 305, 17, donde dice que los pies de los hambrientos están hinchados, y que existe una ley en Éfeso que no permite a los padres exponer a los hijos mientras tengan los pies hinchados por el hambre.

Estando aún mediado el verano, enseña a tus esclavos:
«no siempre será verano, haceos cabañas».

Al mes Leneo[87], días malos, todos despellejadores de
bueyes, a ése evítalo y a las heladas que, punzantes, cu- 505
bren la tierra al soplar Bóreas, que a través de Tracia,
criadora de caballos, se pone en movimiento increpando
al ancho Ponto y mugen tierra y bosque; tras derribar
muchas frondosas encinas y densos pinos los lanza sobre 510
la rica tierra en los abismos del monte, y entonces grita
toda la inmensa selva; las fieras se enfurecen y esconden
sus colas bajo los genitales; incluso estas cuya piel está
cubierta por la lana; también ahora el frío existente atra-
viesa a éstas aunque sean velludas; incluso penetra por la 515
piel del buey y no lo soporta y también sopla a través de
la cabra de denso pelo. Pero no penetra a las ovejas, por
causa de la abundante lana, la fuerza del viento Bóreas.
Encorva al anciano, pero no penetra a través de la don- 520
cella de piel suave, que permanece en las moradas junto
a su madre, sin conocer las acciones de la dorada Afrodita y, lavando su delicada piel y ungiéndola con abundante aceite, oculta descansa dentro de la casa, en el día invernal, cuando el sin hueso[88] roe su pie en la casa sin 525
fuego y en las moradas húmedas; pues el sol no le mues-

---

87. Para Leneo, cf. Glosario *infra*.
88. Parece que se trata del pulpo, según Cook, citado por Sinclair;
este uso descriptivo para citar los animales puede ser una reminiscen-
cia de prácticas aún existentes en pueblos primitivos, por las que el
nombre de ciertos animales es tabú. Este uso descriptivo aparece en
distintos lugares de la obra: v. 532, «el de tres pies» (el viejo); v. 571,
«el que lleva la casa encima» (caracol); v. 742, «las cinco ramas» (los
dedos); v. 778, «la prudente» (la hormiga). Aristóteles recoge la creencia de que el pulpo se comía sus tentáculos en invierno *(Historia de*

tra alimento sobre el que lanzarse, sino que gira sobre pueblos y ciudades de hombres de tez oscura, y con lentitud se muestra a los griegos[89].

530 Entonces los habitantes del bosque, provistos y desprovistos de cuernos, haciendo rechinar sus dientes huyen hacia encajonados valles, y a todos en su corazón les preocupa esto, dónde, tras buscar abrigo, puedan tener grutas profundas y rocosa cueva; también entonces los mortales son iguales al de tres pies[90], cuya espalda está 535 encorvada y la cabeza mira hacia el suelo; semejantes a éste van y vienen esquivando la blanca nieve.

En ese momento ponte como protección en la piel, según te aconsejo, un manto suave y una túnica hasta los pies. En poca trama teje mucha lana, póntela en derre-
540 dor para que el vello permanezca inmóvil y no se erice poniéndose tieso en el cuerpo; en torno a tus pies calza ajustadas sandalias de buey muerto con violencia[91], guarneciéndolos con pelos dentro, y, cuando llegue la esta-

---

los animales, 8, 2). West cita a Wiesner, que dice que esta misma idea se puede ver en las representaciones minoicas y micénicas del pulpo.
89. Los griegos de los primeros tiempos consideraban el sol algo cercano a la tierra, y fácil de localizar en diferentes poblaciones. Así, Homero, *Od.* I, 23 ss., dice: «Los etíopes que están divididos en dos grupos, unos donde se hunde Hiperión y otros donde se levanta». En el solsticio de verano está cerca de los escitas, y en el de invierno, por África; cf. Hrdto. II, 24, 6: «Durante el invierno el sol se desvía de su trayectoria habitual [...] y llega a la alta Libia».
90. El viejo (cf. n. 88 *supra*). Se trata de un concepto extendido desde la Antigüedad para denominar distintos seres, así en Rigveda, 10, 117, 8, «el con un pie (= sol) ha emulado al bípedo (= hombre) y el de dos pies termina en tres pies (= viejo). Las criaturas de cuatro pies (= perros) vienen cuando los bípedos los llaman y se mantienen juntos».
91. Porque la piel de éste es más fuerte que la de un buey muerto por enfermedad o vejez.

ción del frío, cose con piel de buey las pieles de cabritos primogénitos, para colocarlas sobre la espalda, como 545
abrigo de la lluvia, y sobre la cabeza coloca un gorro trabajado con arte, para que no se mojen las orejas. Pues es frío el amanecer cuando cae Bóreas, y por la mañana, desde el estrellado cielo a la tierra, se extiende sobre las fértiles obras de los bienaventurados una brisa[92] que, 550
surgiendo del siempre fluyente curso de los ríos, elevándose a lo alto sobre la tierra por la tempestad del viento, unas veces produce lluvia al atardecer, otras sopla mientras el tracio Bóreas reúne densos nubarrones. Adelantándose a ella regresa a casa una vez realizado el trabajo, 555
para que algún día no te cubra oscura nube surgida del cielo, te humedezca la piel y te cale los vestidos; esquívala, pues éste es el mes más crudo, tempestuoso, crudo para los animales y crudo para los hombres.

Entonces los bueyes tendrán la mitad de provisiones y los hombres un poco más; acogedoras son las largas 560
noches.

[Vigilando esto hasta que el año esté cumplido, distribuye proporcionalmente noches y días, hasta que de nuevo la tierra madre de todos lleve nuevo fruto.]

[Primavera]

Cuando después del solsticio Zeus cumpla sesenta días invernales, entonces el astro Arturo, tras abandonar la 565

---

92. Parece deducirse de este pasaje que Hesíodo tiene ciertos conocimientos meteorológicos y, así, sabe que la niebla es una vaporización que surge de la tierra y es la fuente de la lluvia; en *Te.* v. 706 encontramos también sus interpretaciones sobre terremoto, trueno y rayo.

sagrada corriente del océano, mostrándose por primera vez al anochecer se eleva[93]. Después de éste sale a la luz la golondrina Pandiónida, de agudo gemido[94], cuando comienza de nuevo la primavera para los hombres; anti-
570 cípate a ésta y poda las viñas; pues así es mejor.

Cuando el que lleva la casa[95] suba desde la tierra a las hojas huyendo de las Pléyades, entonces ya no es época de cavar las viñas, sino que una vez aguzadas las hoces despierta a los esclavos. Huye de los asientos som-
575 bríos y de la cama al amanecer en la estación de la siega, cuando el sol marchita la piel. Entonces apresúrate y lleva el fruto a casa levantándote al amanecer, para tener medios de vida suficientes. Pues el alba distribuye la tercera parte del trabajo, el alba hace avanzar el camino y el
580 trabajo, ella que, al aparecer, hace caminar a muchos hombres y coloca el yugo a muchos bueyes.

[Verano]

Cuando el cardo florece[96] y la cantarina cigarra, posada sobre el árbol, hace resonar su dulce canto sin inte-

---

93. Según Dick, el orto acrónico de Arturo, es decir, su aparición a la puesta del sol, tiene lugar después del 24 de febrero.
94. Según West, en el calendario de Eudoxo la aparición de la golondrina y el orto acrónico tenían lugar el 19 de febrero. Tenemos en este pasaje alusión al mito de Procne y Filomela (cf. *Pandiónida* en Glosario *infra*).
95. El caracol, que, antes del orto helíaco de las Pléyades, en Grecia sube a las plantas para protegerse del calor (cf. n. 88 *supra*).
96. Según Teofrasto (*HP* VI, 4, 7), el cardo florece hacia el solsticio de verano, Orión se levanta hacia el 5 de julio; se trata, pues, de los últimos días de junio, período de reposo que sigue a la siega.

rrupción bajo las alas, en la estación del arduo verano, entonces son más pingües las cabras, el vino mejor, las mujeres más lascivas y los hombres más débiles, pues Sirio les abrasa cabeza y rodillas y la piel está reseca bajo la calima.

En este momento, ojalá haya una sombría roca, vino biblino[97], un pan bien amasado[98], leche de cabras que hayan dejado de criar y carne de ternera alimentada en los bosques aún no parida y de tiernos cabritos. Bebe, además, vino rojizo sentado en la sombra, habiendo saciado el corazón a gusto, vuelto el rostro frente al refrescante Céfiro; y de una fuente que corra y se desborde, de agua limpia, derrama tres partes de agua y echa la cuarta de vino.

Ordena a los esclavos dar vueltas al sagrado fruto de Deméter, cuando por primera vez se muestre la fuerza de Orión[99] en lugar bien aireado y en era bien redondeada. Con la medida guárdalo en los recipientes, y cuando tengas almacenado dentro de casa el grano de manera suficiente, te exhorto a procurarte un sirviente sin casa y a buscar una sirvienta sin hijos, pues la sirvienta madre es difícil. Y procúrate un perro de afilados dientes y no le escatimes la comida, para que jamás te quite el patrimonio el hombre que duerme de día.

---

97. Debe tratarse de un tipo especial de vino, pero su origen suscita muchas dudas: *Biblia* en Tracia, *montes bíblinos* en aquella región o la fenicia *Biblos*. También se ha pensado que puede tratarse de la planta *biblos* o *byblos*.
98. Para Mazon y Sinclair sería pan de primera calidad; otras interpretaciones: pan trabajado con leche.
99. Orión comienza a aparecer en las dos últimas semanas de junio.

Procúrate forraje y cama de paja, para que sea suficiente para bueyes y mulos. Después deja descansar a los esclavos y suelta a los bueyes.

610 Cuando Orión y Sirio lleguen al centro del cielo, y Aurora de rosados dedos vea a Arturo, Perses, entonces corta y lleva a casa todos los racimos, exponlos al sol durante diez días y diez noches, durante cinco cúbrelos de sombra y al sexto vierte en recipientes los dones de Dioniso, 615 dador de alegría. Y[100] cuando se oculten Pléyades, Híades y la fuerza de Orión, entonces, después de recordar la labor propia de la estación, sumerge el grano[101] en la tierra.

[Navegación]

Si te coge el deseo de la fatigosa navegación: cuando las 620 Pléyades huyendo de la vigorosa fuerza de Orión caigan sobre el brumoso Ponto, entonces soplos de toda clase de vientos se lanzan impetuosamente; recordándolo entonces ya no debes tener las naves en el vinoso Ponto, sino trabajar la tierra como te aconsejo: vara la nave en 625 tierra firme y fíjala con piedras por todas partes, para que haga frente a la fuerza de los vientos que soplan hú-

---

100. Se refiere al ocaso de las tres estrellas; Híades median entre las Pléyades y Orión y se ponen después de ellas, el 4 de noviembre. Los pies de Orión se ponen a la vez, pero su cabeza permanece hasta la segunda mitad de noviembre.
101. *pleion* = año; en este sentido lo toman los alejandrinos, que lo consideran préstamo de Hesíodo. Pero nos parece más acertada la opinión de Mazon, quien, basándose en la glosa de Hesiquio, *pleionei* = *speirei*, supone *pleion* = *sperma* = grano.

medamente, quitándole el tapón[102] para que no la pudra la lluvia de Zeus. Las jarcias bien dispuestas todas colócalas en tu casa, en orden, plegando las alas de la nave surcadora del mar. Cuelga el bien trabajado gobernalle sobre el humo.

Tú mismo espera hasta que llegue la estación de la navegación. Entonces saca al mar el ligero navío y equípalo disponiendo la carga para llevar ganancia a casa. Como mi padre y el tuyo, gran insensato Perses, se hacía a la mar en las naves, por estar necesitado de buen sustento, el que en otro tiempo llegó aquí surcando el amplio Ponto, abandonando en negra nave a Cime Eolia, no escapando a abundancia, riqueza y felicidad, sino a la malvada pobreza que Zeus da a los hombres[103] y vivió cerca del Helicón, en Ascra, penosa aldea, mala en invierno, terrible en verano, y nunca buena. Tú, Perses, recuerda los trabajos de cada estación, pero sobre todo en torno a la navegación. Alaba la nave pequeña, pero dispón la carga en la grande. Pues si mayor es la carga, mayor será provecho sobre provecho, si los vientos alejan las malas tormentas.

Cuando volviendo tu impetuoso ánimo hacia el comercio marino quieras escapar de las deudas y del hambre ingrata, te mostraré las dimensiones del rumoroso

---

102. Mazon indica que el navío, una vez sacado a tierra, se sujetaba con gruesas piedras, para evitar que el viento lo derribara y para elevarlo ligeramente del suelo, con el fin de que pudiera salir el agua al quitarle el tapón.
103. Con esta afirmación Hesíodo absuelve a su padre de toda responsabilidad. Éforo afirma que la razón de su emigración fue el haber dado muerte a un pariente.

mar, aunque no tengo experiencia del arte de navegar y
650 de las naves. En efecto jamás crucé en una nave el ancho
Ponto, a no ser a Eubea desde Áulide, donde en otro
tiempo los aqueos permaneciendo durante una tormenta congregaron un gran ejército desde la sagrada Hélade
contra Troya de hermosas mujeres.
655 Entonces crucé yo el Ponto para ir a Calcis[104] a las
competiciones del valeroso Anfidamante; sus ilustres hijos dispusieron muchos premios anunciados con antelación. Afirmo que yo, resultando vencedor con un himno,
conseguí un trípode con asas. Éste lo dediqué a las Musas que habitan el Helicón allí donde por primera vez me
660 inspiraron el dulce canto. Tal experiencia he tenido de
las naves de muchos clavos; pero aun así te diré el pensamiento de Zeus, portador de la Égida; pues las Musas me
enseñaron a cantar un himno de indescriptible belleza.

Durante cincuenta días, después del solsticio, cuando
665 llega al fin el verano, agotadora estación, la navegación
es favorable para los mortales y tú no romperás la nave
ni el mar destruirá a los mortales, a no ser que a propósito Posidón, que sacude la tierra, o Zeus, soberano de los
inmortales, quisieran destruirlos; pues en ellos está por
igual el fin de bienes y males[105].
670 En ese momento las brisas son bien definidas y el Ponto apacible. Entonces, libre de preocupación, confiando

---

104. Plutarco considera espurios los vv. 654-5; Mazon opina que se debe a suponer una alusión a la leyenda del encuentro en Calcis entre Homero y Hesíodo.
105. Se repite la idea dada para otros trabajos. Al fin todo está en manos de los dioses, idea que se repite en Alcmán, Arquíloco, Teognis, Píndaro, etc.

en los vientos, arrastra la rápida nave hacia el Ponto y pon dentro toda la carga; pero apresúrate a regresar rápidamente de nuevo a casa, no esperes al vino nuevo y a las tormentas de otoño ni al invierno que se acerca y a los 675 terribles torbellinos del Noto, que remueve el mar acompañando a la abundante lluvia de Zeus otoñal y hace insoportable el mar.

Existe otra navegación para los hombres por primavera: tan pronto como la corneja al descender deja una huella tan grande, como se muestran al hombre las hojas 680 en la más elevada rama de la higuera, entonces el mar es accesible, y ésta es la navegación de primavera; yo no la voy a alabar, pues no es grata a mi corazón; ha de cogerse en su momento y con dificultad podrías huir del mal, 685 pero los hombres también la realizan por ignorancia de su mente; pues la riqueza es el espíritu para los míseros mortales.

Es terrible morir entre las olas, y te exhorto a colocar esto en tu corazón como te lo digo: no pongas toda tu fortuna en las cóncavas naves, sino deja la mayor 690 parte y carga la menor; pues es terrible sufrir un mal en las olas del mar y también es terrible que por levantar una carga irresistible sobre el carro rompas el eje y pierdas la carga; vigila la medida, la mesura es lo mejor de todo.

[Consejos diversos (sociales y religiosos)]

Es el momento de conducir una mujer a tu casa no faltándote mucho para los treinta años ni sobrepasándolos 695 mucho, pues éste es el matrimonio apropiado; la mujer sea púber cuatro años y cásese al quinto[106].

Toma como mujer una doncella, para que le enseñes castos preceptos. [Sobre todo toma como mujer a una que viva cerca de ti][107] mirándola por todas las partes, para que no seas motivo de risas para los vecinos. No hay botín mejor que una mujer buena, ni cosa más molesta que una mala, glotona, que incluso al varón que es fuerte consume y marchita y lo entrega a una vejez prematura. [Vigila el respeto de los bienaventurados inmortales].

No iguales el amigo al hermano; y si lo haces no seas el primero en hacerle mal y mentirle por el hecho de hablar; y si comienza diciéndote palabra odiosa u obrando de manera odiosa, recordándolo tolérale dos veces; y si de nuevo te llevase a la amistad y quisiera ofrecerte excusas, acéptalo; el hombre ruin hace un amigo en cada ocasión; nunca la mente te censure el aspecto.

No seas llamado de muchos huéspedes, ni de pocos, ni compañero de los pobres, ni provocador de los ricos. No reproches al hombre la funesta pobreza que devora el corazón, dádiva de los siempre Bienaventurados[108].

---

106. Platón, *Ley.* 785b, da como edad correcta para el matrimonio en la mujer de 16 a 20 años; Aristóteles sobre los 18 (la pubertad se sitúa en los 14); según las Leyes de Gortina, a los 12 o más. Alusiones a la edad de la mujer en el matrimonio las encontramos en Jenof. *Econ.;* Demóstenes, 46, 20; Iseo, 8, 31, 10, 12.
107. Este verso estaba ausente en algunas copias, pero no resulta sospechoso y tiene cabida en el texto. Recuerda al v. 343. Sinclair cita a Samuel Butler, que recuerda el proverbio italiano *chi lontano va ammogliare, sarà ingannato o vorrà ingannare,* equivalente al español «el que lejos va a casar, va a que lo engañen o va a engañar».
108. Cf. Proverbios 17, 5: «el que insulta al pobre insulta a su hacedor», «el que goza del mal ajeno no quedará impune». Amen-em-

El tesoro de una lengua parca es el mejor tesoro para los hombres y la mayor gracia la que le viene con mesura[109]; si hablas mal, tú mismo podrás escuchar algo peor. No estés malhumorado por una comida de muchos huéspedes; en común el provecho es mayor y el gasto más pequeño.

Jamás desde el amanecer hagas libaciones de vino tinto a Zeus ni a otros inmortales con las manos sucias, pues no te escucharán, sino que reprobarán tus súplicas.

No orines de pie vuelto frente al sol[110], sino, recuérdalo, cuando se ponga y hacia oriente hasta que salga, sin desnudarte, pues las noches son de los Bienaventurados[111]. Ni orines en el camino ni fuera del camino avanzado. El hombre semejante a los dioses, sabedor de cosas prudentes, lo hace sentado o apoyándose en el muro del ancho patio.

No te dejes ver en el hogar habiendo salpicado los genitales con semen, sino evítalo[112].

No engendres al regresar de un funeral de mal augurio, sino después del festín de los inmortales.

Opet, 25: «no te rías de un ciego ni hagas burla de un monstruo [...] pues el hombre es arcilla y paja y el dios el hacedor [...] él hace un millar de pobres hombres cuando desea». Tuc. II, 40: «no es vergonzoso entre nosotros confesar la pobreza, sino que es más no huirla».
109. Cf. Alceo, frg. 47: «si dijeras lo que quieres escucharás lo que no quieres». *Il.* XX, 250: «cualquier palabra que digas tal escucharás». Proverbio sumerio: «cualquiera que insulta debe ser insultado».
110. Máxima pitagórica citada por Diógenes Laercio, 8, 17. También pueden verse los mismos preceptos en las Leyes de Manu.
111. Con la noche se asocian los espíritus malignos que el poeta trata de evitar.
112. La explicación de los escoliastas dice que el acto sexual mancha de impureza al hombre y por eso no debe acercarse al hogar, que es lugar sagrado.

736   No orines en las fuentes públicas, sino evítalo.

    No cruces con tus pies la bella corriente de los ríos sempiternos antes de hacer una súplica mirando hacia las hermosas corrientes, tras lavarte las manos con un 740 agua apetecible y clara. Quien cruza un río sin purificar la mancha y las manos, con ése los dioses se indignan y después le dan males.

    En el abundante festín de los dioses no separes lo seco de lo verde de tus cinco ramas con resplandeciente hierro[113].

    No coloques el *oenochoe* sobre la crátera de los que 745 beben, pues funesto destino se cierne sobre ellos[114].

    Cuando construyas una casa no la dejes con salientes para que la cantarina corneja no grazne posándose sobre ella[115]. No comas, ni te laves ni saques de calderos con patas sin consagrar, pues también sobre éstos hay castigo.

---

113. *Cinco ramas:* los cinco dedos (cf. n. 88 *supra*). Según los escoliastas es una falta de respeto a los dioses cortarse las uñas en sus banquetes.

114. Numerosas son las explicaciones que se dan sobre este precepto. Para unos la norma al uso, como puede comprobarse por las pinturas de los vasos, era colocar la jarra de escanciar sobre la crátera mientras no se usaba. Para otros, la opinión de los comensales era que, una vez comenzado el banquete, la jarra no debía parar sino que debía estar siempre en manos del escanciador. Según un escolio de Plutarco, «lo particular no debe estar encima de lo general». También puede explicarse por la creencia de que cruzando dos objetos se impide el libre curso de las cosas.

115. También en este caso se dan diversas explicaciones. Para Plutarco equivale a terminar antes del invierno, pues la llegada de la corneja representa su comienzo. Para Proclo no deben omitirse los sacrificios de la fundación de la casa, para evitar la mala suerte representada por la corneja.

No sientes en lugar inviolable, pues no es bueno, a 750
muchacho de doce días, esto hace al hombre flojo, ni al
de doce meses, pues esto es igual[116].

No lave el varón[117] su cuerpo en el baño de las mujeres,
pues durante un tiempo también sobre esto hay lamentable castigo.

No te mofes de las cosas ocultas cuando participes en humeantes sacrificios, pues también el dios se irrita por esto. 755

No orines en la desembocadura de los ríos que fluyen hacia el mar, sino evítalo mucho, ni te ensucies, pues no hacer esto es mejor.

Obra así y evita la terrible reputación de los mortales, 760
pues la mala reputación es ligera de levantar con facilidad, pero terrible de soportar y difícil de quitar. Pues no se destruye por completo la reputación que han difundido muchas gentes; ella es como un dios.

[Días]

Observando como conviene los días procedentes de Zeus, 765
explica a los esclavos que el día treinta del mes es el me-

---

116. Son numerosos los comentaristas que se inclinan por las tumbas al hablar de «lugar inviolable»; según West puede deberse al deseo de poner al niño en contacto con sus antepasados para que adquiera sus cualidades. «Doce días» y «doce meses» pueden considerarse edades peligrosas por ser los doce años la edad de la pubertad. Su empleo aquí puede deberse a la importancia del número 12 entre los griegos (cf. Martínez Díez y Pérez Jiménez, ob. cit. en Bibl.).
117. Proclo (409, 19) explica que puede deberse a la creencia existente en buen número de pueblos sobre la impureza genuina de la mujer. O también a la idea de que el hombre se vuelve afeminado por ciertos olores que emanan del cuerpo de la mujer. Cf. *Od.* X, 301: Ulises teme que Circe debilite su virilidad.

jor para observar los halagos[118] y distribuir la ración cuando las gentes, discerniendo la verdad, la ejercitan.

770 Éstos son los días del providente Zeus, en primer lugar[119] uno, cuatro y siete son días sagrados, pues en éste Letó engendró a Apolo, de espada de oro; el octavo y el noveno son días del mes lleno apropiados para dedicarse a las obras propias de la naturaleza humana; el once y el
775 doce, ambos son buenos, bien para esquilar las ovejas, bien para recoger el fruto propicio, pero el *doce* es mucho mejor que el once, pues en éste teje sus hilos la araña suspendida en el aire en pleno día, cuando la prudente cosecha el trigo; en él la mujer disponga de su telar y dis-
780 póngase manos a la obra. Al comenzar el mes, evita el día trece para iniciar la siembra pero para plantar árboles es el mejor[120].

El sexto del medio es muy funesto para las plantas, pero es bueno para engendrar hombres; y no es apropiado para una mujer para nacer ni para tomar parte en el matrimonio[121].

785 Tampoco el primer día sexto es bueno para el nacimiento de una mujer, pero para castrar machos cabríos y carneros y para cercar el estado pastoril es el día favora-

---

118. Traducción siguiendo la lectura de Mazon, Sinclair y West.
119. Sinclair explica *ene* como expresión abreviada de *ene kai nea*, que desde el s. VII indica en el calendario popular el día 30 de los meses llenos. El cuatro recibe su carácter sagrado por el nacimiento de Hermes y Heracles en este día, y el siete por el nacimiento de Apolo; según West esta fiesta llegó desde los semitas en el s. VIII.
120. Los escoliastas se refieren a la humedad de la luna como buena sólo para las plantas, no para semillas, que requieren humedad y frío.
121. El dieciséis es funesto para el matrimonio por estar la luna separada del sol.

ble; y bueno para engendrar hombres; y a éste agradará decir bromas, mentiras, astutas palabras y ocultas conversaciones íntimas.

En el octavo del mes castra al verraco y al buey de sonoro mugido y en el duodécimo a los sufridos mulos[122]. 790

En el gran veinte, el día más largo, nazca un árbitro que tenga la mente equilibrada.

El décimo es buen para engendrar varón y el cuarto del medio para engendrar mujer; y en éste domestica, pasándole la mano, a los carneros, a los bueyes de retorcidos cuernos, a los perros de colmillo afilado y a los sufridos mulos[123]; y cuida en tu ánimo evitar el cuarto del comienzo y del final y los dolores que corroen el ánimo, pues este día está consagrado completamente. 795

En el cuarto del mes lleva esposa a casa considerando los augurios mejores para este tipo de cosas. 800

Evita los quintos[124], pues son difíciles y terribles. Cuentan que en el quinto las Erinias toman cuidado de Horco[125] en su nacimiento, a quien engendró Eris como daño para los perjuros.

En el siete del medio coloca en la era redonda el sagrado fruto de Deméter observando cuidadosamente, el leñador corte leños nupciales y abundantes maderas de 805

---

122. Según el escolio de Plutarco es bueno para castrar estos animales porque así su furia, semejante al terremoto, se calmará al sufrir el corte.
123. Seguimos la lectura de Mazon y Sinclair.
124. *pemptas:* uso excepcional del plural; tal vez puede tratarse del 5 y el 25, igual que en 798 menciona dos cuatros.
125. También en Virgilio se asocia este día al juramento. En los pitagóricos era símbolo de la justicia.

barco que sean apropiados para las naves[126]. En el cuarto comienza a fijar con clavos las ligeras naves.

810 El nueve del medio es el mejor día por la tarde; pero el primer nueve es inofensivo para los hombres; pues es el bueno para plantar y para que nazca un hombre y una mujer, y en absoluto es día malo. Pero pocos saben que 815 el tercer nueve[127] es el mejor [para comenzar la jarra y para colocar en el cuello el yugo a los bueyes, a los mulos y a los caballos de rápidos pies,] para botar hacia el vinoso Ponto la rápida nave de muchos remos; pero pocos hay que llaman a esto por su verdadero nombre.

En el cuarto abre la jarra; entre todos, el día sagrado es 820 el del medio; pues pocos saben que el de después del veinte[128] es el mejor del mes al amanecer y es el peor al atardecer.

Estos días son un gran provecho para los mortales; los otros, los intermedios, inofensivos, no traen nada. Cada 825 uno alaba a uno, y pocos los conocen. Unas veces un día es madrastra y otras veces madre.

De éstos, dichoso y feliz el que, sabiendo todo esto, inocente trabaja para los Inmortales, interpretando los pájaros y esquivando las transgresiones.

---

126. Bueno para sacar el trigo, pues, según los escoliastas, se producen corrientes de aire que limpian el trigo de impurezas. Por lo que respecta a la madera, Plutarco dice que los carpinteros tiran la madera cortada en plenilunio debido a la humedad que produce la luna llena.
127. Sobre el vino en la jarra, cf. n. 60 *supra*. Parece que en el plenilunio se altera más la calidad del vino. Para *triseinas* Proclo apunta dos posibles significados: *tres veces nueve* = veintisiete, *o tercer nueve* = veintinueve.
128. Se refiere al día veinticuatro.

Escudo

Estructura

A) 1-94: INTRODUCCIÓN: presentación de personajes.
    1-56: Alcmena y Anfitrión: expiación de la falta cometida por Anfitrión; unión de Alcmena con Zeus y Anfitrión; nacimiento de Heracles e Íficles.
    57-76: Cicno y Ares.
    77-94: Heracles y Yolao.

B) 95-337: PREPARATIVOS PARA EL COMBATE.
    95-121: Instrucciones de Heracles a Yolao.
    121-324: Descripción de la armadura de Heracles, especialmente su escudo: materiales de que está hecho (141-3); escenas representadas: monstruos apotropaicos (144-67), combate de leones y jabalíes (168-77), lucha de centauros y lapitas (178-90), Ares y Atenea (191-200), Olimpo (201-6), puerto (207-15), Perseo y las Gorgonas (216-37), ciudad en guerra (238-70), ciudad en paz (271-313), Océano (314-7).
    325-337: Consejos de Atenea.

C) 338-462: COMBATE.
    338-349: Encuentro de combatientes.
    350-367: Palabras de Heracles a Cicno para evitar la lucha.
    368-423: Combate y muerte de Cicno.
    424-462: Ataque de Ares.

D) 463-480: FINAL.
    463-466: Terror y Pánico trasladan a Ares al Olimpo.
    467-470: Heracles e Íficles despojan el cadáver de Cicno de sus armas y se van a Traquis.
    470-471: Retirada de Atenea al Olimpo.
    472-480: Entierro de Cicno.

[Argumento]

El comienzo del Escudo se encuentra en el cuarto libro del Catálogo hasta el verso cincuenta y seis, por lo cual también Aristófanes[1] sospechaba que no era de Hesíodo, sino de algún otro que pretendía imitar el Escudo de Homero[2]. Megaclides[3] el ateniense reconoce como auténtico el poema, pero critica a Hesíodo, pues dice que es ilógico que Hefesto hiciera armas para los enemigos de su madre. Apolonio[4] de Rodas, en el libro tercero,

5

---

1. Aristófanes de Bizancio (257-180 a.C.).
2. Cf. C. F. Russo, ob. cit. en Bibl.
3. Peripatético ateniense de la segunda mitad del s. IV a.C., crítico de poesía épica, en especial de Homero.
4. S. III a.C. Esta afirmación induce a suponer que Apolonio de Rodas había escrito una obra crítica en cuyo tercer volumen trataba cuestiones relativas a Hesíodo.

afirma que es de él, deduciéndolo tanto de su carácter como de encontrar de nuevo a Yolao en el catálogo como aurigade Heracles. También Estesícoro[5] dice que el poema es de Hesíodo.

Los tafios, al hacer una expedición contra las vacas de Electrión, mataron a los hermanos de Alcmena, que disputaban por los animales. Y, como Anfitrión quería unirse con ella, ésta prometió que no lo haría antes de que tomara venganza de los fratricidas. Éste, haciendo una expedición contra ellos, los mató. En la misma noche se unieron con ella ambos, Zeus y Anfitrión, el uno de regreso de la guerra, y Zeus porque quería engendrar un bienhechor para los hombres. Ella concibió de Anfitrión a Íficles y de Zeus a Heracles. Éste, con Yolao como auriga, va contra Cicno, el hijo de Ares que despojaba a los que llevaban los diezmos a Pitó. Pues bien, protegido con un escudo labrado por Hefesto, se dirige a Traquis, a casa de Ceix. Y, habiéndose encontrado con Cicno, lo mata, y a Ares, que intentaba proteger a su hijo, lo hiere en un muslo. Así llega a casa de Ceix. Era Cicno yerno de Ceix por su hija Temistonoa.

---

5. Poeta lírico de la segunda mitad del s. IV a.C.

[Introducción]

O cual la que, tras abandonar su casa y la tierra patria, llegó a Tebas con el belicoso Anfitrión, Alcmena, hija de Electrión, que incita al pueblo al combate. Ésta aventajaba a la estirpe de las delicadas mujeres en su aspecto y estatura; en inteligencia no rivalizaba con ella ninguna 5 de las que engendraron mortales unidos con mortales. De su cabeza y de sus oscuros párpados fluía tal belleza cual de la dorada Afrodita[6]. Además, respetaba en su ánimo a su esposo tanto como ninguna de las delicadas 10 mujeres hasta ahora.

---

6. Cf. *Himn. Afrod.* 174 ss.; Hes. *Te.* 910 ss.; Sóf. *Traq.* 990; Hes. *Tr.* 60; *Himn. Dem.* 182. La fragancia era un atributo peculiar de la divinidad *(Himn. Dem.* 276).

Aquél mató[7] a su valiente padre, sometiéndolo con violencia, irritado por culpa de unas vacas y, abandonando su tierra patria en dirección hacia Tebas, acudió como suplicante ante los cadmeos, portadores de escudos[8]. Allí habitaba junto con su respetable esposa, sin la delicada unión amorosa[9], pues no le era posible acceder al lecho de la Electriona[10], de bellos tobillos, antes de vengar el asesinato de los magnánimos hermanos de su esposa, y consumir con violento fuego las aldeas de los héroes tafios y teléboas[11]. Así, en efecto, estaba establecido y los dioses eran testigos de ello. Él temía la cólera de éstos, pero deseaba realizar lo más pronto posible la gran ac-

---

7. El poeta no decía más porque la leyenda debía de ser conocidísima del auditorio. Según Apolodoro *(Bib.* II, 4, 5), mientras Electrión reinó en Micenas llegaron seis hijos de Pterelao, fundador de Tafos, a pedir, en calidad de nietos de Méstor, hermano de Alceo y Electrión, una parte del reino. Electrión rechazó su demanda y ellos, en venganza, le robaron las vacas. Esto provocó una batalla en la que murieron los hijos de Pterelao, menos Everes, y los de Electrión, excepto Licimnio. Los tafios llevaron las vacas al rey de Elea, Polixeno, del que Anfitrión las rescató y se las devolvió a Electrión. Mientras Anfitrión perseguía una vaca, mató involuntariamente a Electrión. Según otra tradición más antigua fue en una contienda donde Anfitrión mató a Electrión.
8. Beocia es la madre del escudo que cubre todo el cuerpo. Los beocios pusieron los escudos como armas nacionales, o como atributos de una divinidad o héroe, sobre su moneda.
9. Para Apolodoro *(Bib.* II, 4, 6-7), Alcmena pone como condición a Anfitrión para el matrimonio la venganza de sus hermanos, pero posiblemente Anfitrión era ya su esposo y el exilio sería su castigo, por la muerte de su padre.
10. Alcmena. Se piensa que el nombre de Electrión puede aludir a la fecundación por medio de la lluvia de electro (explicación que considera esta palabra derivada de *hyo* y *elektron).*
11. Cf. Hrdto. V, 59. Eran probablemente los habitantes originarios de Acarnania. Pueden ser llamados «héroes» porque la profesión de pirata no era deshonrosa (cf. Tuc. I, 5.)

ción que para él era una ley de Zeus. Lo acompañaban, deseosos de guerra y batalla, los beocios, hábiles jinetes, orgullosos con sus escudos, los valientes locrios y los magnánimos foceos. Los mandaba el noble hijo de Alceo, vanagloriándose de su ejército.

Pero el padre de dioses y hombres otro plan tejía en su mente, con la idea[12] de engendrarle a los dioses y a los industriosos hombres un protector contra la desgracia. Se lanzó desde el Olimpo maquinando en su mente un engaño, deseoso de unirse amorosamente, de noche, a una mujer de hermosa cintura. Al punto llegó al Tifaonio; desde allí el prudente Zeus se fue a la cima del Ficio. Allí sentado meditaba en su mente extraordinarias obras: en la misma noche, en efecto, se unió amorosamente con la Electriona, de hermosos tobillos, en su lecho y cumplió así su deseo; y, en esa misma noche, Anfitrión, que impulsa al pueblo al combate, héroe ilustre, después de haber rematado su gran hazaña, llegó a casa, y no corrió a ver a los criados y boyeros antes de subir al lecho de su esposa: ¡tal deseo dominaba, en efecto, el corazón del pastor de pueblos!

[Y como cuando un hombre con alegría logra escapar de un mal originado por una enfermedad o una fuerte cadena, así entonces Anfitrión, habiendo cumplido hasta el final una penosa empresa, con alegría y amor volvió a su casa[13].]

Toda la noche estuvo acostado con su respetable esposa, gozando con los dones de la dorada Afrodita. Ella,

---

12. Como si intentara moralizar el engaño de Zeus al yacer con Alcmena.
13. Se consignan entre corchetes los pasajes, versos o palabras de autenticidad discutida. Esta indicación no concierne a los títulos de los epígrafes.

sometida a un dios y a un hombre, con mucho el mejor, dio a luz en Tebas, la de las siete puertas, dos niños gemelos que, aunque no tenían sentimientos semejantes, eran hermanos, uno inferior y el otro, en cambio, un héroe mucho mejor, terrible y fuerte, el violento Heracles; el uno poseída por el Cronión, que cubre el cielo de nubes; Ificles, por el contrario, por Anfitrión, que blande la lanza. Linaje distinto, el uno unida con un hombre mortal, el otro con Zeus Cronión, jefe de todos los hombres.

Éste también mató a Cicno, magnífico Aretíada. Lo encontró en el recinto[14] del flechador Apolo, a él y a su padre Ares, insaciable de guerra, resplandeciente con el brillo de sus armas, como el de un fuego ardiente, puestos de pie en el carro. Los rápidos caballos hacían resonar la tierra, golpeándola con sus pezuñas, y una polvareda los envolvía, al ser golpeada la tierra por los bien ajustados carros y las patas de los caballos. Los carros bien construidos y sus cabezales resonaban al lanzarse los caballos. Se alegraba el irreprochable Cicno con la esperanza de matar con su bronce al belicoso hijo de Zeus y a su auriga, y privarle de sus famosas armas. Pero no escuchó sus súplicas Febo Apolo, pues lanzó contra él al fuerte Heracles.

Todo el bosque y el altar de Apolo Pagaseo brillaba bajo las armas del terrible dios y bajo él mismo; como fuego salía resplandor de sus ojos. ¿Quién, siendo mortal, se habría atrevido a hacerle frente a aquél, excepto Heracles y el ilustre Yolao?; [grande era, en efecto, la

---

14. Eurípides (*Herac.,* 389 ss.) atestigua Anfaneas como sede de Cicno, localidad poco distante del sitio en que tiene lugar el duelo: zona apolínea de Págasas (no lejos de Yolco, cf. Euríp. *Medea,* 1 ss.), cerca del Anauro. Toda la zona de Anfaneas-Págasas se llamaba Cicnitis.

violencia de aquéllos y unas manos intocables nacían de sus hombros sobre fuertes miembros.]

Dijo entonces a su valeroso auriga Yolao:

«¡Héroe Yolao, el más amigo con mucho de todos los mortales!, alguna falta grande cometió Anfitrión contra los felices dioses del Olimpo, cuando llegó a Tebas la bien coronada, después de abandonar Tirinte, la bien construida fortaleza, después de haber matado a Electrión a causa de las vacas de ancha frente. Llegó suplicante ante Creonte y Heníoca, de largo peplo, que lo abrazaron y ofrecieron todos los dones que es deber para con los suplicantes; y, naturalmente, lo respetaron muy profundamente. Vivía orgulloso con la Electriona, de bellos tobillos, su esposa; y, pronto, al pasar los años, nacimos nosotros, ni en físico ni en mente semejantes, tu padre y yo.

»A aquél Zeus le privó de mente, pues, después de abandonar su casa y sus padres, se fue para honrar al impío Euristeo, ¡desdichado! En verdad muchas veces se lamentó luego al soportar su ruina; pero ésta no es revocable. A mí, en cambio, un dios[15] me encomendó penosos trabajos.

[Preparativos para el combate]

»Amigo mío, toma rápidamente las purpúreas riendas de los caballos de rápidos pies y, acrecentando tu gran valor en tu pecho, sostén todo derecho el rápido carro y

---

15. Frente a Homero, que culpa de los trabajos de Heracles a Hera, por celos de Zeus, aquí es el pecado de Anfitrión el que motiva el castigo.

los vigorosos caballos de rápidos pies, sin temer nada el fragor de Ares, matador de hombres, que ahora, enlo-
100 quecido, hace resonar el sagrado bosque de Febo Apolo, el soberano flechador. En verdad, aunque es valiente, se va a saciar de guerra».

A él, por su parte, le dijo el irreprochable Yolao:

«Amigo, verdaderamente honran tu cabeza el padre de los hombres y los dioses y el dios de cabeza de toro[16],
105 Enosigeo, que ocupa las almenas de Tebas y protege la ciudad, pues a este mortal, valeroso y grande, lo traen a tus manos para que alcances excelente gloria. Pero ¡ea!, vístete tus belicosas armas, a fin de que con la mayor rapidez posible, acercando los carros, el de Ares y el nues-
110 tro, luchemos, puesto que ni al intrépido hijo de Zeus, ni al de Ificles espantará, sino que pienso que huirá de los dos hijos del irreprochable Alcida, los cuales ya están cerca de él, deseando vivamente poner en pie el grito de guerra, cosa que le es mucho más querida que un banquete».

115 Así habló y sonrió el fuerte Heracles en su corazón, pues le dijo muchas cosas agradables. Como respuesta le dijo aladas palabras:

«Héroe Yolao, descendiente de Zeus, ya no está lejos el duro combate; y tú, puesto que en anteriores ocasio-

---

16. Epíteto de Poseidón. En Éfeso recibían también ese epíteto los jóvenes ministros de sus fiestas. Esto debe unirse a la representación habitual de los dioses fluviales con cuerpos de toro, por simbolizar la fuerza fecundante, y Poseidón era el dios del agua por excelencia (cf. el toro que regala a Minos, el toro con que provoca la muerte de Hipólito, etc.). El culto beocio de Poseidón está bien atestiguado (cf. Esq. *Siete,* 130).

nes fuiste valeroso, así también ahora al gran caballo 120
Arión, de azulada crin, hazlo girar en todos los sentidos
y socórreme como puedas».

Después de pronunciar estas palabras, colocó en torno
a sus piernas las grebas de brillante metal, famoso regalo
de Hefesto. Luego, en segundo lugar, puso alrededor de 125
su pecho una muy bella coraza de oro, muy labrada, que
le dio Palas Atenea, hija de Zeus, cuando por primera
vez iba a lanzarse a los dolorosos trabajos. A continuación,
colgó de sus hombros el hierro que protege contra
la desgracia, hombre terrible. En torno a su pecho, por
detrás, situó el cóncavo carcaj, y, en él, muchas flechas 130
terribles, dispensadoras de muerte que hace olvidar la
palabra: delante tenían muerte y sumergían en lágrimas;
en medio, pulidas y muy largas; y por detrás, cubiertas estaban
con alas de negro buitre. Cogió una fuerte lanza, 135
con punta de brillante bronce. Sobre su robusta cabeza
puso un extraordinario casco, artísticamente labrado, de
acero, adaptado sobre las sienes, que protegía la cabeza
del divino Heracles.

Con las manos tomó el refulgente escudo que nadie 140
consiguió romperlo, al alcanzarlo, ni abollarlo, admirable
de ver. En efecto, todo alrededor era brillante por el
yeso, el blanco marfil, el ámbar y el resplandeciente oro
[reluciente, y láminas de una sustancia azul oscura[17] lo

---

[17]. Similar a la del arca de Cípselo (Paus. V, 17, 5 ss.) y los círculos del escudo de Agamenón (*Il.* XI, 33). *Cyano* era una pasta vítrea de color azul intenso. Las láminas eran bandas concéntricas en las que estaban las escenas descritas por el poeta. La figura del Temor ocupaba el centro del escudo, con una función apotropaica, como las figuras de ese tipo en la cerámica o en otros escudos (cf. Eur. *Fen.*, 1120, *Il.* XI, 26 ss.).

atravesaban]. En medio, hecho de acero, estaba Fobo,
145 que no se debe nombrar, mirando hacia atrás con sus
ojos resplandecientes de fuego; su boca estaba llena de
dientes blancos, terribles, espantosos, y sobre su horro-
rosa frente volaba temible, incitando al combate, Eris,
perniciosa, que quita el pensamiento y la mente a los hé-
150 roes que le hacen la guerra al hijo de Zeus. [Sus almas se
sumergen en tierra, hacia la morada de Hades, y sus huesos, una vez descompuesta la piel a su alrededor, se pu-
dren en la negra tierra bajo el ardiente Sirio[18].]

Allí estaban labrados el Flujo y el Reflujo, y dentro bri-
155 llaban el Tumulto, el Asesinato y la Masacre, [allí se lanzaban con ímpetu Eris y la Confusión; y la funesta Ker,
con un guerrero vivo recién herido y otro ileso, a otro,
muerto en el combate, lo arrastraba por ambos pies; en
los hombros tenía un manto enrojecido por la sangre
160 de los héroes, lanzando una mirada terrible y haciendo
rechinar sus dientes].

Allí había doce cabezas de temibles serpientes, innombrables, que atemorizan a las tribus de hombres de la
tierra [que se atreven a hacer la guerra frente al hijo de
Zeus]. Sus dientes rechinaban cuando luchaba el Anfi-
165 trioníada; estas obras admirables resplandecían y una especie de motas aparecían sobre los terribles dragones,
azules en su espalda y con barbas ennegrecidas.

Allí había rebaños de robustos jabalíes y de leones
170 que se miraban entre sí irritados y ardorosos. Filas de
éstos avanzaban también en manada, ninguno de los dos

---

18. Astro que indica el período de la canícula (cf. *Tr.*, 587, Eur. *Hec.*, 1101).

temblaba, pero ambos erizaban sus cuellos, pues allí yacía un enorme león, y de uno y otro lado dos jabalíes privados de vida; bajo ellos, negra sangre caía en tierra; éstos con el cuello inclinado hacia el suelo yacían muertos por los terribles leones, mientras aquéllos, irritados, más aún se erguían para luchar, unos y otros, los robustos jabalíes y los leones de brillantes ojos. 175

Allí había un combate de lanceros lapitas, a uno y otro lado de su soberano Ceneo, de Driante, de Pirítoo, de Hopleo, de Exadio, de Falero, de Próloco, del Ampícida Mopso, Titaresio, descendiente de Ares, del Egeoda Teseo, semejante a los Inmortales. Eran de plata, con armaduras de oro en torno a su cuerpo. Del otro lado, enfrente, se agrupaban los Centauros, en torno al enorme Petreo, al divino Ásbolo, a Arcto, a Ureo, a Mimante, de negra cabellera, y a los dos Peúcidas, Perimedes y Dríalo. Eran de plata; con mazas de oro en sus manos. Con un impulso, igual que si estuvieran vivos, se inclinaban hacia el mismo lugar con sus lanzas y sus mazas. 180 185 190

Allí estaban los áureos caballos de rápidos pies del terrible Ares; y allí también el propio Ares, funesto, portador de los despojos guerreros, con una lanza en sus manos, arengando a los soldados de infantería, enrojecido por la sangre, como si matara a seres vivientes, subido en un carro. Al lado estaban Terror y Miedo, ansiosos de meterse en la guerra de hombres. 195

Allí la hija de Zeus, Tritogenia, amiga del botín, como si quisiera incitar a la lucha, con una lanza en su mano, un casco de oro y la égida sobre los hombros, marchaba hacia la terrible batalla. 200

Allí estaba el sagrado[19] coro de Inmortales, y en medio, de un modo encantador, tocaba la cítara el hijo de Zeus y Letó, con una forminge de oro. [Era el sagrado Olimpo, sede de los dioses; allí un ágora y alrededor una fe-
205 licidad sin fin se desplegaba en el certamen de los Inmortales.] Comenzaban su canto unas diosas, las Musas Piérides, como si entonaran armoniosamente.

Allí un puerto, estupendo fondeadero del invencible mar, circular, estaba hecho de estaño fundido, cual baña-
210 do por las olas. [Muchos delfines[20] a la vez en medio se lanzaban con ímpetu, aquí y allá, jugando, como si nadaran.] Dos delfines de plata soplando asustaban a los mudos peces; bajo ellos huían unos peces de bronce. En la orilla estaba sentado un hombre que parecía un pesca-
215 dor y tenía en sus manos una red, cual si se la fuera a lanzar a los peces.

Allí estaba el hijo de Dánae, de hermosa cabellera, el jinete Perseo, ni rozando el escudo con sus pies ni lejos de él, gran obra digna de observar, pues en ningún sitio se apoyaba. Así, en efecto, lo labró con sus manos el fa-

---

19. A la escena precedente se contrapone la paz y la alegría del espectáculo de la danza divina: Apolo con la cítara y las Musas cantando, de modo similar a como sucede en el arca de Cípselo (cf. Paus. V, 18, 4) o como se dice en *Himn. Ap.* 182-196, o en Hes. *Te.* 21.

20. Su amistad con los hombres y afán por salvarlos se explican mediante un mito: Dioniso, para pasar a Naxos, contrató a unos piratas tirrenos. Éstos decidieron cambiar de rumbo y dirigirse a Asia para vender a su pasajero como esclavo. El dios, al darse cuenta, transformó los remos en serpientes y llenó el barco de hiedra, a la vez que hacía resonar unas flautas invisibles. Los piratas, enloquecidos, se arrojaron al mar y fueron transformados, después, en delfines (piratas arrepentidos), convirtiéndose, de ese modo, en símbolo del mar en calma.

moso cojo, de oro; en sus pies tenía las aladas sandalias; en sus hombros una nielada espada pendía de un tahalí de bronce; aquél, como un pensamiento, volaba y toda la parte superior de su espalda tenía la cabeza de un terrible monstruo, la Gorgona; lo envolvía una alforja de plata, admirable de ver; brillantes franjas de oro flotaban; en torno a sus sienes el terrible casco[21] del soberano Hades, con la terrible oscuridad de la noche. El propio Danaida Perseo se lanzaba con todas sus fuerzas como si realmente se afanara y tuviera escalofríos de temor. Tras él, las Gorgonas, terribles e innombrables, se apresuraban, deseosas de cogerlo. Al caminar ellas sobre el pálido acero, resonaba, aguda y armoniosamente, el escudo con gran ruido; sobre sus cinturas estaban suspendidos dos dragones con las cabezas inclinadas hacia adelante. Los dos, con su lengua, aguijoneaban y con una mirada salvaje entrechocaban con fuerza sus dientes. Sobre las terribles cabezas de las Gorgonas daba vueltas un horrible Temor[22].

Por encima de éstos, unos hombres luchaban con sus belicosas armas, los unos tratando de alejar la desgracia de su ciudad y de sus padres, los otros ansiosos de destruir todo. Muchos yacían muertos y un número aún mayor luchaba sosteniendo el combate. Las mujeres, sobre torres de bronce bien construidas, daban agudos gritos y desgarraban sus mejillas, cual si estuvieran vivas, obra del famoso Hefesto. Los hombres que eran ancianos y la

---

21. Casco de la oscuridad que hacía invisible a quien lo llevaba (cf. *Il.,* V, 845; Platón, *Rep.* 612b; Aristf. *Acarn,* 390).
22. Debido a las serpientes que tenían las Gorgonas en lugar de cabellos.

vejez los dominaba estaban juntos fuera de las puertas y
tendían sus manos a los dioses, temiendo por sus hijos.
Éstos, por su parte, sostenían la lucha.

Detrás de ellos, las azuladas Keres, haciendo rechinar
250 sus blancos dientes, con aspecto terrible, tremendas, sangrientas, espantosas, luchaban por los que caían; todas
deseaban beber su negra sangre; sobre el primero que
sorprendían muerto o que acababa de caer arrojaban a la
vez sus grandes uñas y su alma bajaba al Hades, al hela-
255 do Tártaro, mientras ellas, luego que saciaban de sangre
humana su corazón, lo arrojaban hacia atrás y, volviendo
de nuevo, se lanzaban al tumulto y al combate. [A su
frente estaban Cloto y Láquesis; la de menor tamaño,
Átropo, no era en modo alguno una diosa grande, pero
260 verdaderamente ella era superior a las otras y la de más
edad. Todas sobre un solo héroe entablaban un duro
combate y se lanzaban, irritadas, terribles miradas unas a
otras y empleaban por igual sus uñas y valientes manos.]

265 Al lado estaba la Tiniebla[23], lamentable y terrible, pálida, negruzca, encogida por el hambre, con las rodillas
hinchadas, largas uñas salían de sus manos; de sus narices fluían mucosidades y de sus mejillas caía sangre hacia
tierra; ella, contrayendo la boca de modo terrible, estaba
de pie, y sobre sus hombros flotaba mucho polvo, empapado por las lágrimas.

270 Cerca había una ciudad humana de bellas torres, a la
que cerraban siete puertas de oro adaptadas a sus dinteles;
sus hombres, con fiestas y coros, se complacían: en un carro de bellas ruedas le conducían la esposa a su marido y

---

23. La muerte.

un enorme Himeneo se levantaba; lejos daba vueltas la 275
llama de las antorchas que ardían en las manos de las esclavas; ellas, felices por la fiesta, iban delante y las seguían los coros danzando; ellos, al son de sus armoniosas zampoñas, lanzaban su voz con sus delicadas bocas,
y en su entorno se rompía el eco, mientras ellas, a ritmo 280
de forminges, formaban un coro encantador; [allí, en
otro lado, unos jóvenes iban por las calles cantando y
danzando al son de flauta]; aquéllos, por su parte, avanzaban al son del coro y del canto [y, a su vez, éstos riendo, cada cual al ritmo de su flautista]. Banquetes, coros
y fiestas dominaban toda la ciudad. Otros, en cambio, 285
delante de la ciudad, se lanzaban impetuosos a lomos de
caballos.

Los labradores araban la divina tierra con sus túnicas recogidas; la cosecha era abundante; unos cortaban
con sus agudos instrumentos las cañas cargadas de espigas que se doblaban, como si fuera el trigo de Deméter; 290
otros, con vencejos, las ataban y las arrojaban en la
era; otros vendimiaban las viñas, con hoces en sus manos; [otros, a las cestas llevaban los racimos blancos y negros recolectados por los vendimiadores de los grandes 295
viñedos cargados de hojas y de sarmientos de plata];
otros, a su vez, los llevaban a los cestos. Junto a ellos había un viñedo de oro, famosa obra del muy sabio Hefesto, [que se agitaba con sus hojas y plateados sarmientos,]
cargado de racimos; [a su vez, unos danzando, cada cual
al son de su flautista]; éstos[24] eran negros. Unos pisaban 300
la uva, otros la recogían.

---

24. Los racimos.

Otros practicaban el pugilato y lucha de arrastre; otros, cazadores, intentaban coger liebres de rápidos pies, y delante dos perros de agudos dientes, los primeros deseando cazarlas, las otras intentando escapar. Junto a ellos, unos jinetes se afanaban, combatían y se esforzaban por un premio; los aurigas que marchaban sobre unos bien trenzados carros lanzaban a los rápidos caballos soltando las riendas; los bien ajustados carros volaban haciendo ruido sobre la tierra, y los cubos de las ruedas chirriaban con fuerza. Aquéllos se esforzaban eternamente y nunca lograban alcanzar la victoria, sino que mantenían un combate indeciso; tenían como premio en la competición un gran trípode de oro, obra extraordinaria del muy sabio Hefesto.

En la orilla fluía Océano, cual si se desbordara, y ocupaba toda la orla del escudo artísticamente labrado; en él, unos cisnes de alto vuelo daban fuertes graznidos y otros muchos nadaban en la superficie del agua. A su lado, unos peces se arremolinaban, admirable de ver incluso para el resonante Zeus, por cuyas decisiones hizo Hefesto el grande y fuerte escudo, acoplándolo con sus manos.

Éste lo blandía con fuerza el valeroso hijo de Zeus; y de un salto subió al carro de caballos, semejante al rayo de su padre Zeus, portador de la égida, avanzando con pie ligero; y su valeroso auriga Yolao, en pie, dirigía recto el curvado carro.

A ellos se acercó la diosa Atenea de ojos verdes y, animándolos, les dijo aladas palabras:

«¡Salud, linaje del célebre Linceo! Ojalá Zeus, que gobierna entre los Inmortales, os conceda el poder de matar

a Cicno y despojarle de las famosas armas. Pero te diré 330
otra palabra a ti, el más grande de los combatientes: cuando prives a Cicno de la dulce vida, a él déjale luego también sus armas y, observando tú mismo el ataque de Ares, funesto para los mortales, donde lo veas desprovisto del artístico escudo, allí con el agudo bronce hiérelo, pero retírate de nuevo, puesto que no te está marcado por el destino coger ni sus caballos ni sus famosas armas». 335

[Combate]

Después de hablar así, subió al carro la divina entre las diosas, con la victoria y la gloria en sus inmortales manos.
  Entonces el divino Yolao de modo terrible incitaba a 340
los caballos; ellos, bajo su mandato, rápidamente llevaban el veloz carro cubriendo de polvo la llanura, pues a ellos infundió valor la diosa Atenea de ojos verdes que blande la égida, y a su alrededor gimió la tierra.
  Juntos, por su parte, avanzaban ellos, semejantes al 345
fuego o a una tormenta, tanto Cicno, domador de caballos, como Ares, insaciable de guerra, y luego que sus caballos, enfrentados unos a otros, relincharon agudamente y a su alrededor se quebraba el eco, a él le dirigió la palabra primero el fuerte Heracles:
  «¡Amigo Cicno!, ¿por qué dirigís los rápidos caballos 350
contra nosotros, unos hombres que somos conocedores del esfuerzo y la miseria? Pues bien, aparta tu bien construido carro y cede parte del camino para que pasemos; me dirijo a Traquis, a casa del soberano Ceix, que destaca en Traquis por su poder y respeto, como tú mismo lo 355

sabes también muy bien, pues estás casado con su hija Temistonoa, de oscuros ojos.

»¡Amigo mío!, no impedirá tu muerte Ares, si llegamos al acuerdo de combatir. Te aseguro que ya también
360 otra vez ha probado aquél nuestra lanza, cuando en defensa de la arenosa Pilo[25] me hizo frente, deseando con fuerza la lucha. Tres veces golpeado por mi lanza cayó a
365 tierra con su escudo destrozado, y a la cuarta le alcancé un muslo, afanándome con gran fuerza, y un gran desgarro le hice, por lo que boca abajo cayó a tierra en medio del polvo por el empuje de mi lanza. Entonces hubiera sido ultrajado entre los Inmortales, dejando en nuestras manos los ensangrentados despojos...».

Así habló, pero el buen lancero Cicno no pensaba, por obedecerlo a él, retener los caballos que tiran del carro.
370 Entonces desde los bien construidos carros saltaron al punto a tierra el hijo del poderoso Zeus y el del soberano Enialio, mientras los aurigas incitaban a los caballos de hermosas crines y, bajo la agitación de sus patas, resonaba la ancha tierra, y, como cuando desde la alta cumbre
375 de una inmensa montaña se lanzan las piedras, y caen unas sobre otras, a la vez que muchas encinas de elevado follaje, muchos pinos y álamos negros de largas raíces son arrancados por ellas, al rodar con gran velocidad hasta que llegan a la llanura, así con gran griterío cayeron
380 uno sobre otro, de modo que toda la ciudad de los Mirmidones, la famosa Yolco, Arne, Hélice y la herbosa An-

---

25. Esto sucedió durante la expedición de Heracles contra Neleo de Pilo, motivada, según la leyenda, por la ayuda que éste prestó a los Minias de Orcómeno en guerra con Heracles, o porque intentó robar al héroe parte de los rebaños de Gerión.

tea resonaron con fuerza bajo la voz de ambos. Ellos, con el terrible alalá, se enfrentaron y el prudente Zeus dio un gran trueno, [y desde el cielo arrojó gotas de sangre], como contraseña de guerra para su valeroso hijo.   385

Cual en los valles de un monte un jabalí de aguzados colmillos, difícil de ver, se dispone a luchar con fuerza contra los cazadores, y con la cabeza de lado aguza su blanco diente, a la vez que la espuma se desliza por su boca, al rechinar sus dientes, y sus ojos se asemejan al   390
ardiente fuego, con las cerdas del espinazo y del cuello erizadas, semejante a éste, se lanzó desde su carro de caballos el hijo de Zeus.

Cuando la cantora cigarra de oscuras alas, que como bebida y alimento tiene el fresco rocío, posada en una   395
verde rama, empieza a cantar el verano para los hombres, y durante todo el día, desde la mañana, derrama su voz en el más terrible calor, cuando Sirio quema la piel, entonces [en torno a los mijos que se siembran en verano las aristas ya están en plenitud, cuando las uvas verdes se tiñen de variados colores, dones que Dioniso concedió a   400
los hombres para su alegría y pesar, durante ese tiempo] luchaban, y un gran estrépito se levantaba.

Como dos leones[26] sobre una cierva muerta se lanzan, irritándose uno contra otro, y terrible es su rugido, a la vez que les rechinan sus dientes...

[Aquéllos, como buitres de curvadas uñas y corvo pico   405
en una elevada roca, con violentos graznidos luchan por

---

26. Concepción similar a la que se representa de modo constante en tumbas y en elementos relacionados con la muerte, o con otros fines (cf. la escena de dos leones devorando un toro en Museo de la Acrópolis de Atenas).

una cabra montaraz, o una cebada cierva salvaje, que
abatió, después de haberla alcanzado con la flecha de su
410 arco, un hombre robusto, pues él, desconocedor de la
región, se va por otro lugar, mientras que ellos se dan
cuenta rápidamente y a toda velocidad entablan entre sí
una dura lucha por ella; así, aquéllos chillando se lanzan
uno sobre otro.]

Entonces Cicno, deseoso de matar al hijo del muy va-
415 leroso Zeus, lanzó contra su escudo la broncínea jabalina, pero no le rasgó el bronce, sino que el regalo del dios
lo salvó.

El Anfitrioníada, el fuerte Heracles, por su parte, en
medio del casco y del escudo con su larga lanza, le alcanzó rápidamente el cuello desnudo, bajo la barba, y la ase-
420 sina lanza le cortó los tendones, pues la gran fuerza del
héroe allí fue a caer. Se derrumbó, como cuando se des-
ploma una encina o un pino muy elevado, golpeado por
el humeante rayo de Zeus; así se desplomó y en torno
a él resonaron las abigarradas armas de bronce.

425 A él lo dejó luego el valeroso hijo de Zeus y él mismo
se puso a vigilar el ataque de Ares, funesto para los
mortales, lanzando una mirada temible con sus ojos,
como un león que se encuentra con un animal y, después de desgarrar muy ávidamente su piel con sus fuertes uñas, le priva lo más rápidamente posible de su dul-
430 ce vida, y se llena de furia su negro pecho, lanzando con
sus dos ojos unos terribles destellos, a la vez que fusti-
ga sus costados y su espalda con la cola y excava en el
suelo con las patas, de modo que nadie se atreve, al ver-
lo, a ir a su encuentro y atacarlo; tal, en efecto, el Anfitrioníada, insaciable de lucha, se detuvo frente a Ares,

acrecentando el valor de su pecho. Aquél se le acercó irritado en su corazón. [Ambos gritando se lanzaron 435
uno sobre otro.]

Como cuando desde lo alto de un pico se desprende una roca y, al rodar, va dando grandes saltos y, con ruido, avanza incontrolable, hasta que encuentra una elevada colina y, al chocar con ella, se queda allí retenida, así el 440
funesto Ares, que hace plegar un carro bajo sus pies, se lanzó gritando y él[27] lo recibió con firmeza. Luego Atenea, hija de Zeus, portador de la égida, salió al encuentro de Ares con la negra égida y mirándolo de reojo, de un modo terrible, le dijo aladas palabras: 445

«¡Ares!, retén tu poderosa fuerza y tus invencibles manos; pues no te es lícito quitarle la ilustre armadura, habiéndolo matado, a Heracles, el valeroso hijo de Zeus; pero ¡ea!, cesa en tu lucha y no me hagas frente».

Así habló, pero no convenció al orgulloso ánimo de 450
Ares, sino que él, dando un enorme grito, blandiendo sus armas semejantes a la llama, se lanzó rápidamente contra el fuerte Heracles, ansioso de matarlo, y le arrojó la broncínea lanza sobre el enorme escudo, irritado por la muerte de su hijo. Pero Atenea, de ojos verdes, ex- 455
tendiendo los brazos desde su carro, desvió el impulso de la lanza; un violento dolor se apoderó de Ares y, sacando su aguda espada, se lanzó sobre el valiente Heracles, pero el Anfitrioníada, insaciable del cruel combate, 460
lo hirió fuertemente en un muslo desprotegido por el artístico escudo, produciéndole un enorme desgarro con la lanza, y lo arrojó en medio de la tierra.

27. Heracles.

[Final]

Le acercaron Temor y Pánico el carro de bellas ruedas y los caballos, y, después de levantarlo de la tierra de anchos caminos, lo colocaron en el bien trabajado carro; y al punto fustigaron luego a los caballos para llevarlo al Olimpo.

El hijo de Alcmena y el glorioso Yolao, una vez que le quitaron a Cicno las bellas armas de sus hombros, se fueron y llegaron en seguida a la ciudad de Traquis con sus rápidos caballos.

Por su parte, Atenea, de ojos verdes, se fue al elevado Olimpo, a las moradas de su padre.

A Cicno lo enterró Ceix y una multitud inmensa, los que habitan cerca de la ciudad del ilustre rey, [Ante, la ciudad de los mirmidones, la famosa Yolco, Arne, Hélice; y mucha gente se congregó], honrando a Ceix, amigo de los dioses inmortales. Pero su tumba y su túmulo los hizo invisibles el Anauro crecido con las lluvias de las tormentas; pues así lo ordenó Apolo, hijo de Letó, porque, acechando a los que llevaban espléndidas hecatombes a Pito, se las robaba con violencia.

Certamen

Estructura

A) 1-76: INTRODUCCIÓN: presentación de contrincantes y de juegos:
  1-62: Contrincantes: Hesíodo (1-6); Homero (patria, 7-17; padres, 18-28; nombre, 29-44); relación entre ambos poetas y genealogía (45-55); Oráculo de la Pitia a Homero (56-62).
  63-76: Juegos en memoria de Anfidamante.
B) 77-207: COMPETICIÓN:
  77-97: Ideales para los hombres.
  97-104: Aporías.
  105-139: Ambigüedades.
  140-152: Combatientes de Troya.
  153-180: Lo mejor y lo peor.
  181-207: Lo más bello de sus poemas: Hesíodo (181-92), Homero (192-207).
C) 208-213: VICTORIA DE HESÍODO.
D) 214-257: VIDA DE HESÍODO DESPUÉS DEL TRIUNFO:
  214-226: Ofrenda del trípode y consulta al oráculo.
  227-236: Estancia y asesinato en Énoe.
  237-250: Aparición del cadáver y castigo de los asesinos.
  251-257: Entierro y epigrama en Orcómeno.
E) 258-345: ACTIVIDAD DE HOMERO DESPUÉS DE SU DERROTA:
  258-327: Rapsodo errante (corte de Midas, Corinto, Argos, Delos) que obtiene múltiples honores (copa, estatua, ciudadanía) a la vez que compone sus obras.
  328-345: Muerte y epigrama.

[Introducción]

Todos los hombres se jactan de que Homero y Hesíodo, los poetas más divinos, son conciudadanos suyos. Sin embargo, Hesíodo, al nombrar su propia patria, apartó a todos de la disputa, diciendo que su padre se estableció cerca del Helicón en una penosa aldea, Ascra, mala en 5 invierno, terrible en verano y nunca buena.
Pero todas las ciudades y sus habitantes, por así decir, afirman que entre ellos ha nacido Homero. En primer lugar, los de Esmirna sostienen que, por ser hijo de Meles, su río, y de la ninfa Creteida, se llamó primeramente 10 Melestígenes, pero, después, al quedarse ciego, cambió ese nombre por el de Homero, por ser así como se designa a los hombres de esa condición entre ellos.
Los de Quíos, por su parte, aportan pruebas en el sentido de que era conciudadano suyo y de que sobre-

viven entre ellos algunos de su linaje que se llaman Homéridas.

También los de Colofón muestran el lugar en el que dicen que siendo maestro de gramática, se inició en la poesía y compuso en primer lugar el *Margites*.

Asimismo acerca de sus padres es grande el desacuerdo entre todos. Helánico y Cleantes hablan de Meón. Eugeón de Meles, Calicles de Mnaságoras, Demócrito el de Trecén, del comerciante Daemón, algunos de Támiras, los egipcios de Menémaco, sacerdote que interpreta las sagradas escrituras, y hay quienes hablan de Telémaco el de Odiseo. En cuanto a su madre, unos mencionan a Metis, otros a Creteida, otros a Temista, otros a Hirneto, algunos a cierta Idacesia que fue vendida como esclava por los fenicios, otros a Calíope, la musa, algunos a Policasta la de Néstor.

Él se llamaba Meles, o, como dicen algunos, Melesígenes, o, según otros, Altes. Cuentan unos que recibió el nombre de Homero, porque su padre fue entregado como rehén[1] por los chipriotas a los persas, pero otros dicen que fue a causa de la privación de la vista, pues así se llama entre los eolios a los ciegos.

Pues bien, vamos a exponer lo que precisamente hemos oído que en tiempos del divinísimo emperador Adriano[2] se dijo por la Pitia sobre Homero. En efecto, al preguntarle el soberano de dónde y de quién era Homero, respondió en hexámetros del modo siguiente:

---

1. La palabra *homeros* significa 'rehén'.
2. Estuvo en Grecia en 125 a.C., después de un viaje a Asia Menor, y en el 120 a.C. dedicó el Olimpeion de Atenas.

*«Me preguntas el linaje desconocido y la tierra patria
de una inmortal sirena*[3]*. Por su residencia es de Ítaca, su
padre es Telémaco y su madre Epicasta, la hija de Néstor, que lo engendró con mucho el más sabio de los mortales».*

En esto, pues, se debe confiar, a causa de la dignidad del que preguntó y de la que respondió, especialmente por haber celebrado con tanta grandeza el poeta en sus versos a su abuelo[4].

Pues bien, unos dicen que es anterior a Hesíodo, pero otros afirman que es más joven y pariente suyo, para lo que trazan la siguiente genealogía: de Apolo y Etusa, la de Posidón, nació Lino; de Lino, Piero; de Piero y la ninfa Metona, Eagro; de Eagro y Calíope, Orfeo; de Orfeo, Dres <de él, Eucles>; de éste, Yadmónides; de él, Filoterpes; de él, Eufemo; de él, Epífrades; de él, Melanopo; de éste, Dío y Apeles; de Dío y Picimeda, la hija de Apolo, Hesíodo y Perses; de Apeles, Meón, y de Meón y la hija del río Meles, Homero[5].

Algunos cuentan que eran coetáneos, de modo que incluso compitieron en Áulide de Beocia, pues Homero, después de haber compuesto el *Margites,* iba de ciudad

---

3. Las sirenas (cf. Glosario *infra*) prometían amplios conocimientos a quienes las seguían y su melodioso canto atraía irremediablemente a los navegantes que lo escuchaban. Aquí se atribuyen a Homero, como *cantor,* las mismas facultades.
4. Odiseo.
5. Todos, o casi todos, los nombres que aquí se dan están ligados a la poesía y a la música: poetas como Lino y Orfeo; Piero, padre legendario de las Musas; Filoterpes *('amigo* de la alegría'); Eufemo *('de* bella voz'); Epífrades ('cuidadoso/atento').

en ciudad recitándolo y habiendo ido a Delfos preguntó
60 cuál era su patria y la Pitia le dijo:

«*Patria de tu madre es la isla de Íos, que te acogerá cuando mueras, pero guárdate del enigma de los jovencitos*»[6].

Él, después de escucharlo, intentó evitar la vuelta a Íos y pasaba el tiempo en aquella región[7].

65 En ese mismo tiempo Ganíctor, celebrando los juegos fúnebres[8] por su padre, Anfidamante, el rey de Eubea, convocó a todos los hombres que se distinguían, tanto por su fuerza y rapidez como por su sabiduría, para que participaran en la competición, recompensándolos con importantes premios. Así, por casualidad, según cuentan, se encontraron uno con otro en Calcis. Como jueces de la competición se sentaron hombres ilustres de
70 Calcis y, junto con ellos, Panedes, que era hermano del muerto.

Aunque ambos poetas habían competido de un modo admirable, dicen que venció Hesíodo de este modo: ade-
75 lantándose hasta el centro, iba haciendo una pregunta tras otra a Homero y Homero respondía. Pues bien, dijo Hesíodo:

---

6. Cf. final del certamen (líneas 330 y ss.).
7. Grecia central.
8. Los grandes juegos (Olímpicos, Píticos, Ístmicos, Nemeos...) tuvieron en principio un carácter fúnebre, pues, según parece, se instituyeron en sustitución de los primeros sacrificios humanos. Sin embargo, en la *Ilíada*, en los funerales de Patroclo, aparecen juntos juegos y sacrificios. Los concursos solían ser de tres tipos: hípicos, musicales (danza, música y canto) y gimnásticos (pentatlón –salto, carrera, lanzamiento de disco, lanzamiento de jabalina, lucha–, pugilato, pancracio). Pero más tarde se irán incorporando otros.

[Competición]

«Hijo de Meles, Homero, que conoces los designios de los dioses, ea, dime lo primero de todo, ¿qué es lo mejor para los mortales?».

Homero: *«Ante todo, lo mejor para los que habitan sobre la tierra es no nacer, pero, si han nacido, lo mejor es atravesar lo más pronto posible las puertas del Hades»*[9].

Hesíodo de nuevo:

«Ea, dime también esto, Homero semejante a los dioses, ¿qué piensas que es lo más bello en el corazón de los mortales?».

Aquél:

«Cuando la alegría reine en el pueblo y en las casas los comensales oigan al aedo, sentados unos tras otros; y a su lado las mesas estén llenas de pan y carnes; y el escanciador, sacando la bebida de la crátera[10]*, la lleve y la vierta en las copas. Esto me parece que es lo más bello en un corazón».*

Una vez pronunciadas estas palabras, dicen que los versos fueron admirados con tanto entusiasmo por los helenos que se denominaron *áureos*[11] y aún ahora en las fiestas públicas antes de los banquetes y de las libaciones todos los solicitan.

---

9. Visión pesimista de la vida que aparecía con frecuencia en la literatura antigua; cf. Homero: «cual las hojas así el linaje de los hombres»..., o Píndaro: «el hombre es el sueño de una sombra», etc.
10. Vasija de amplia boca en la que se mezcla el vino con el agua, pues los griegos consideran de pueblos salvajes el beber vino puro. La forma o posición de sus asas determinan los cuatro tipos fundamentales: de cáliz, de campana, de volutas y de columnas.
11. Cf. también leyenda áurea, número áureo, etc.

95   Hesíodo, irritado por el éxito de Homero, se lanzó a hacer preguntas difíciles y dijo los siguientes versos:

«No me cantes nada del presente, del futuro y del pasado, sino que recuérdame un canto distinto»[12].

100   Homero, queriendo resolver en seguida la dificultad, afirmó:

«Nunca sobre la tumba de Zeus harán chocar sus carros los caballos de resonantes cascos disputando por la victoria»[13].

105   Como salió bien de éstos, Hesíodo se lanzó a sentencias equívocas: pedía que, cuando él pronunciara unos versos, Homero respondiera de modo conveniente a cada uno de ellos.

Pues bien, el primero es de Hesíodo, y el segundo, de Homero, aunque a veces Hesíodo hace la pregunta con dos versos.

110   (HES.:) *Luego tomaron como cena carne de bueyes y cuellos de caballos*

(HOM.:) *sudorosos los dejaron libres cuando se saciaron de guerra.*

(HES.:) *Y los frigios, que son los mejores de todos los hombres en las naves*

(HOM.:) *para quitarles a los piratas en la costa la comida.*

(HES.:) *Para arrojar con sus manos flechas contra las tribus de los funestos gigantes.*

---

12. Alusión a las invocaciones que de modo constante aparecen en la obra de Homero, para pedir la inspiración de la divinidad sobre el tema que va a tratar.
13. Como Zeus es inmortal, este canto no entra ni en el presente, ni en el pasado, ni en el futuro.

(Hom.:) *Heracles quitó de los hombros los curvados* 115
arcos.

(Hes.:) *Ese hombre es hijo de un hombre noble y de cobarde*

(Hom.:) *madre, puesto que la guerra es penosa para todas las mujeres.*

(Hes.:) *Pero tu padre y tu venerable madre se unieron*

(Hom.:) *engendrando tu cuerpo por obra de la dorada Afrodita.*

(Hes.:) *Cuando fue poseída en matrimonio, la flecha-* 120
dora Ártemis[14]

(Hom.:) *a Calisto mató con su arco de plata.*

(Hes.:) *Así ellos todo el día comían, sin tener nada*

(Hom.:) *de casa, sino que se lo ofrecía Agamenón, señor de hombres.*

(Hes.:) *Después de haber cenado, en la encendida ceniza reunían los blancos huesos de Zeus*[15]*, una vez muerto* 125

(Hom.:) *el muy valeroso hijo, Sarpedón semejante a un dios.*

(Hes.:) *Y nosotros, por la llanura del Simunte así sentados, recorramos desde las naves el camino teniendo sobre los hombros*

(Hom.:) *espadas provistas de empuñadura y venablos de cubo largo.*

(Hes.:) *Ya entonces los muchachos mejores con sus ma-* 130
nos del mar

---

14. Ártemis es la diosa virgen por excelencia (cf. Eur. *Hip.*), de ahí la ambigüedad.
15. Ambigüedad provocada por el orden de las palabras al ser Zeus inmortal.

(Hom.:) *alegres y con entusiasmo sacaron la nave que rápidamente navega.*
(Hes.:) *A Cólquide luego llegaban y del rey Eetes*
(Hom.:) *escapaban, puesto que lo sabían inhospitalario e impío.*
(Hes.:) *Pero cuando hicieron una libación y bebieron la ola del mar*
135 (Hom.:) *iban a atravesar sobre naves bien provistas de remos.*
(Hes.:) *El Atrida para todos ellos deseaba enormemente que perecieran*
(Hom.:) *nunca en el mar.*
(Hes.:) *Y habiendo tomado la palabra, decía: comed, extranjeros y bebed; ¡ojalá ninguno de vosotros regrese a casa, a su querida patria*
140 (Hom.:) *dañado, sino que indemnes volváis de nuevo a casa!*

Y, como había respondido bien a todo Homero, Hesíodo le dijo de nuevo:

«*Enumérame, a mí, que te lo estoy preguntando, tan sólo esto, ¿cuántos aqueos fueron con los Atridas a Ilión?*».

145 Aquél, por medio de un problema de cálculo, respondió así:

«*Cincuenta eran los hogares de fuego, y en cada uno había cincuenta asadores y cincuenta trozos de carne alrededor; y tres veces trescientos aqueos había en torno a cada trozo de carne*».

150 Esto se convierte en una multitud increíble, pues siendo cincuenta los hogares, se convierten los asadores en dos mil quinientos y en ciento veinticinco mil los trozos de carne...

Como era superior en todo Homero, Hesíodo, lleno de envidia, comienza de nuevo:

«Homero, hijo de Meles, si precisamente te honran las Musas, hijas del poderoso Zeus supremo, como se cuenta, di, poniéndolo en verso, qué es lo mejor y lo peor para los mortales, pues deseo escucharlo». 155

Él dice:

«Hesíodo, hijo de Dío, me ordenas que yo voluntariamente diga eso; por tanto yo, jubiloso, te lo contaré: el más bello de los bienes será ser comedido consigo mismo, y de todos los males el más odioso también. Y pregunta todo lo que tu ánimo desee». 160

(HES.:) *¿Cómo y con qué costumbres se administrarían mejor las ciudades?*

(HOM.:) *Si no quieren lucrarse por medios vergonzosos; si los buenos son honrados y a los injustos se les impone justicia.* 165

(HES.:) *¿Qué es lo mejor que se le puede pedir a los dioses?*

(HOM.:) *Estar bien regido en todo tiempo.*

(HES.:) *¿Puedes decir del modo más breve posible lo que es mejor por naturaleza?*

(HOM.:) *En mi opinión, mentes buenas en los cuerpos de los hombres.* 170

(HES.:) *¿Qué poder tienen la justicia y el valor?*

(HOM.:) *El de ayudarnos en nuestros afanes.*

(HES.:) *¿Cuál es el fin de la sabiduría entre los hombres?*

(HOM.:) *Conocer correctamente lo que sucede y acomodarse a las circunstancias.*

(HES.:) *¿En qué asunto vale la pena confiar en los mortales?* 175

(HOM.:) *En las cosas que un mismo peligro amenaza nuestro trabajo.*

(HES.:) *¿Qué es la felicidad para los hombres?*

(HOM.:) *Morir después de haber sufrido lo mínimo y haber gozado lo máximo.*

180 Después de estos versos, todos los griegos pedían que se coronara a Homero, pero el rey Panedes ordenó que cada uno recitara lo más bello de los propios poemas.

Pues bien, Hesíodo dijo el primero:

«Al aparecer las Pléyades nacidas de Atlas, empezad la
185 *cosecha y al ocultarse la labranza; ellas permanecen ocultas durante cuarenta noches y cuarenta días, y al completarse el año de nuevo se muestran, tan pronto como se afila el hierro.*

»He aquí la ley de los campos, tanto para los que habitan
190 *cerca del mar como para los que, lejos del ponto, ocupan encajonados valles: sembrar desnudo, labrar desnudo, cosechar desnudo, cuando cada cosa esté en sazón»*[16].

Después de él, Homero:

«A un lado y otro de los dos Ayantes se pusieron fuertes
195 *falanges, a las que ni Ares, si hubiera participado, habría despreciado, ni Atenea, que impulsa al pueblo al combate. Pues los considerados mejores aguardaban a los troyanos y al divino Héctor apretando lanza con lanza, escudo con escudo; el escudo se oponía al escudo, el casco al casco y al*
200 *hombre el hombre. Tocaban los cascos de crines de caballos con brillantes cimeras cuando movían la cabeza. ¡Tan apretados se enfrentaron unos con otros!»*[17].

---

16. *Tr.* 383-92.
17. *Il.* XII, 126-33.

»*Se erizó la lucha que hace perecer a los mortales con las largas lanzas que tenían para desgarrar los cuerpos. Sus dos ojos cegaba el broncíneo resplandor de los brillantes cascos, de las corazas recién pulimentadas y de los brillantes escudos, al avanzar conjuntamente. Muy atrevido sería el que entonces se alegrara viendo la batalla y no se afligiera*»[18].

[Victoria de Hesíodo]

Como también en esto habían admirado a Homero, lo alababan, en la idea de que sus palabras estaban por encima de lo común. Pero el rey coronó a Hesíodo, diciendo que era justo que venciera el que incitaba al cultivo de la tierra y a la paz, no el que describía guerras y asesinatos.

[Vida de Hesíodo después del triunfo]

Así dicen que alcanzó Hesíodo la victoria y después de haber tomado el trípode de bronce se lo ofreció a las Musas con la siguiente inscripción:

Lo dedicó Hesíodo a las Musas del Helicón, después de haber vencido con un himno al divino Homero en Calcis.

Terminado el certamen, Hesíodo zarpó hacia Delfos para consultar el oráculo y ofrecer al dios las primicias

---

18. *Il.* XIII, 339-44.

220 de la victoria. Al llegar al templo cuentan que la profetisa, que estaba en trance, dijo:

«Dichoso este hombre que cuida de mi casa, Hesíodo honrado por las Musas inmortales, en verdad tu fama lle-
225 *gará a tanto cuanto se extiende la aurora, pero guárdate del hermoso bosque de Zeus Nemeo. Allí está determinada por el destino tu muerte».*

Hesíodo, como había oído este oráculo, se mantenía retirado del Peloponeso, porque pensaba que el dios se refería a la Nemea de allí, y yendo a Énoe de Lócride
230 se hospedó en casa de Anfífanes y Ganíctor, hijos de Feges, por no haber comprendido el oráculo, pues todo este lugar se llamaba santuario de Zeus Nemeo. Como había pasado demasiado tiempo entre los eneos, los jóvenes, sospechando que su hermana había cometido
235 adulterio con Hesíodo, lo mataron y lo arrojaron al mar entre Eubea y Lócride.

Pero, al ser devuelto el cadáver a tierra al tercer día por unos delfines[19], cuando se celebraba una fiesta local en honor de Ariadna, todos corrieron a la playa y, al reconocer el cuerpo, después de haberlo llorado, lo enterraron y bus-
240 caron a los asesinos. Éstos, por temor a la irritación de los ciudadanos, fletando una nave de pesca zarparon hacia Creta, pero a ellos, en medio de la travesía, Zeus, fulminándolos, los hundió, según cuenta Alcidamante en el *Mu-*
245 *seo*. Eratóstenes, en cambio, dice en *Hesíodo* que Ctímero y Antifo, los hijos de Ganíctor, después de haberlo matado por la causa antes indicada, fueron inmolados en honor de «los» dioses protectores de la hospitalidad por in-

---

19. Cf. n. 20 de *Esc*.

dicación de Eurícles el adivino. En cuanto a la joven, la hermana de los antes mencionados, dicen que se ahorcó después de la deshonra, pero que fue seducida por cierto extranjero compañero de viaje de Hesíodo, de nombre «Troilo», que cuentan que también fue víctima de aquéllos. 250

Luego los de Orcómeno, de acuerdo con el oráculo, cambiándolo, lo enterraron en su patria y grabaron sobre su tumba el siguiente epitafio:

Ascra fue su patria opulenta, pero, después de muerto, la 255
tierra de Minias, domadora de caballos, tiene los huesos de
Hesíodo, cuya fama entre los hombres es la máxima, cuando
se les somete a prueba con la piedra de toque de la sabiduría.

[Actividad de Homero después de su derrota]

Todo esto es lo que se cuenta de Hesíodo. Pero Homero, por su parte, al no alcanzar la victoria, yendo por todas partes, recitaba sus poemas, primeramente la *Tebaida*, de siete mil versos, cuyo comienzo es: 260

Canta, diosa, la árida Argos, donde soberanos...

Luego los *Epígonos,* de siete mil versos, que empiezan:

Ahora, por otra parte, comencemos, Musas, por los hombres más jóvenes...,

pues algunos afirman que también éstas son obras de Homero. Y habiendo oído sus versos los hijos del rey 265

Midas, Janto y Gorgo, le pidieron que compusiera un epigrama para la tumba de su padre, sobre la que había una joven de bronce lamentando la muerte de Midas, y compuso el siguiente:

270 *Doncella de bronce soy y estoy sentada sobre la tumba de Midas; mientras el agua fluye, los inmensos árboles florecen, los ríos se llenan, baña sus costas el mar, resplandece el sol al levantarse y la brillante luna, yo, permaneciendo aquí mismo, sobre la muy llorada tumba, a los que pasen les indicaré que en este lugar está enterrado Midas.*

275 Recibiendo de ellos una copa de plata se la ofreció en Delfos a Apolo, con la siguiente inscripción:

Soberano Febo, yo, Homero, te entregué este bello regalo por tu discreción. Ojalá tú me concedas siempre fama.

Después de esto escribió la *Odisea*, de cuarenta y dos
280 mil versos, cuando ya había compuesto la *Ilíada*, de cuarenta y cinco mil quinientos versos.

Desde allí cuentan que se fue a Atenas y se hospedó en casa de Medón, el rey de los atenienses. Allí, en el consejo, como hacía frío y estaba encendido el fuego, se dice que improvisó los siguientes versos:

285 *Del varón coronas son los hijos; las murallas lo son de la ciudad; los caballos de la llanura adorno son y las naves lo son del mar, «acrecienta la casa el dinero, y los venerables reyes» sentados en las plazas para velar por su pueblo. Pero en una casa es muy admirable de ver el fuego mien-*

tras arde en un día de invierno, cuando el Cronión hace caer la nieve.

Desde allí acudió a Corinto, donde recitaba sus poemas, y, después de recibir grandes honores, se presentó en Argos y declamó estos versos de la *Ilíada*[20]:

A los que ocupaban Argos, la amurallada Tirinte, Hermione, Asine, situadas en un profundo golfo, Trecén, Eona, Epidauro rica en viñedos, la isla de Egina y Mases, hijos de los aqueos, los conducía el Tidida Diomedes de resonante grito, que tenía la fuerza de su padre el Enida, y Esténelo, amado hijo del muy famoso Campaneo. Con éstos iba en tercer lugar Eurípilo, héroe semejante a un dios, hijo de Mecisteo, el soberano Teleonida. De todos era guía Diomedes de resonante grito. Y a éstos seguían ochenta negras naves, en las que se alineaban hombres conocedores de la guerra, argivos con corazas de lino, aguijones de la batalla.

Los que estaban al frente de los argivos lo honraron con muy valiosos regalos, porque su linaje era alabado por el más famoso de los poetas, y, después de haberle erigido una estatua de bronce, decidieron por votación realizar un sacrificio en honor de Homero cada día, cada mes y cada año, y enviar otro a Quíos cada cinco años. En la estatua grabaron:

Éste es el divino Homero, que a toda la orgullosa Grecia celebró con su sabiduría de bellas palabras y en especial a

---

20. *Il.* II, 559-68.

*los argivos que destruyeron Troya, la de murallas construi-
das por los dioses*[21]*, como castigo por Helena de hermosa
cabellera. Por esto lo colocó aquí el pueblo de una gran ciu-*
320 *dad y lo venera con honras de Inmortales.*

Después de pasar en la ciudad algún tiempo, se fue a *Delos* a una romería[22] y poniéndose sobre el altar de los cuernos recitó el Himno a Apolo, cuyo comienzo es:

Recordaré y no quiero olvidar al flechador Apolo...

325 Al terminar el himno, los jonios lo hicieron ciudadano común[23] y los de Delos, después de grabar sus versos en el registro[24], lo depositaron en el santuario de Ártemis.

Cuando se acabó la romería, el poeta navegó hacia Íos, a casa de Creófilo, y allí pasó un tiempo siendo ya ancia-
330 no. Sentado a la orilla del mar al preguntar, según dicen, a unos niños que volvían de pescar:

«*Cazadores procedentes de Arcadia, ¿tenemos algo?*»,

cuando aquéllos respondieron:

«*Cuanto cogimos abandonamos y cuanto no logramos coger llevamos*»,

21. Apolo y Posidón condenados a servir al rey troyano Laomedonte, por haber participado en una conspiración junto con Hera y Atenea, para amarrar con cadenas a Zeus y suspenderlo en el cielo.
22. Congregación en torno a un templo para celebrar una fiesta con recitales, juegos, sacrificios y otros espectáculos (griego: *panegyris*).
23. De todas las ciudades jonias.
24. Cuadro pintado de blanco donde se escribían los asuntos importantes, p. e., los nombres de los magistrados.

como no comprendió lo que le decían, les preguntó qué 335
querían decir y ellos le explicaron que en la pesca nada
cogieron, pero se habían despiojado y dejaron los piojos
que cogieron, pero los que no lograron atrapar en los
mantos los llevaban.

Acordándose del oráculo de que se acercaba el fin de
su vida, compuso el epigrama de su tumba, y cuando se 340
retiraba de allí, como había lodo, resbalándose y cayendo sobre el costado, a los tres días, según cuentan, murió. Fue enterrado en Íos y su epigrama es:

Aquí la sagrada cabeza oculta la tierra, al jefe de héroes, 345
al divino Homero.

Apéndices

1. Glosario de nombres propios

Acasta: Oceánide, hija de Océano y Tetis *(Te.* 356).
Aclis *(Achlys):* tiniebla de la muerte *(Esc.* 264).
Actea: Nereida (cf. *akté* = costa escarpada) *(Te.* 249).
Admeta (indómita, virginal): Oceánide *(Te.* 349).
Adriano: emperador romano (cf. n. 2 de certamen) *(Cert.* 34).
Aelo: harpía *(Te.* 267).
Afecto *(Philotes):* hijo de la Noche *(Te.* 224).
Afrodita (también llamada Citerea, Filomédea, Ciprogenia): diosa del amor, nacida de los órganos genitales de Urano arrojados por Crono al mar. Para otros es hija de Zeus y Dione *(Esc.* 8, 47; *Te.* 16, 195, 934, 1008; *Tr.* 65; *Cert.* 119).
Agamenón: hermano de Menelao, hijo de Atreo, jefe de la expedición griega contra Troya *(Cert.* 123).

Ágave *(Ágave* = noble, ilustre): Nereida. Con igual nombre hija de Cadmo y Harmonía *(Te.* 976), que, en su desenfreno báquico, confunde a su hijo Penteo con una fiera y lo despedaza (cf. *Bacantes* de Eurípides) *(Te.* 247, 976).
Aglaya: la más joven de las tres Gracias. Se casó con Hefesto *(Te.* 909, 945).
Agrio ('salvaje'): hijo de Odiseo y Circe. Algunos lo identifican con Fauno (cf. Ov. *Fas.* 2, 193) *(Te.* 1013).
Aidoneo: nombre con que se designa a Hades *(Te.* 913).
Aidós: personificación del «respeto/vergüenza», debido a que se considera un poder sobrehumano. Su culto como divinidad no es anterior al siglo IV a.C. Aparece como compañera de Némesis, pues ambas son fuerzas

que detienen la maldad, una desde dentro y otra desde fuera *(Tr.* 200, 317).

Alceo: padre de Anfitrión. Hijo de Perseo y Andrómeda *(Esc.* 26).

Alcida: hijo de Alteo *(Esc.* 112).

Alcidamante: retórico y sofista del siglo iv a.C., nacido en Elea, en Eólide, discípulo de Gorgias. Su obra más importante se titula *Museo (Cert.* 244).

Alcmena: esposa de Anfitrión, madre de Heracles (cf. Apolod. *Bib.* II, 50-2). Hija de Electrión y Anaxo que era la hija de Alceo *(Te.* 526, 943; *Esc.* 3, 467).

Alfeo: río del Peloponeso. Hijo de Océano *(Te.* 338).

Algea: 'los Dolores', hijos de la Discordia *(Te.* 227).

Altes: nombre dado por algunos a Homero *(Cert.* 29).

Ambigüedades: cf. Anfilogías *(Te.* 229).

Ampícida: patronímico de Mopso *(Esc.* 231).

Anauro: río de Tesalia *(Esc.* 477).

Androctasias: 'Masacres', hijas de la Discordia (Eris) *(Te.* 228; *Esc.* 155).

Anfidamante: rey de Calcis (Eubea) que se destaca en la lucha de Calcis con Eretria por la posesión del valle de Lelanto. En los juegos fúnebres celebrados en su honor, compiten, según la leyenda, Homero y Hesíodo *(Cert.* 65; *Tr.* 654).

Anfífanes: habitante de Énoe en cuya casa se hospeda Hesíodo *(Cert.* 231).

Anfilogías: 'Discusiones', 'Ambigüedades', hijas de la Discordia (Eris) *(Te.* 229).

Ánfiro ('que fluye/corre a uno y otro lado'): Oceánide *(Te.* 360).

Anfitrión: esposo de Alcmena. Padre de Ificles *(Esc.* 2, 37, 44).

Anfitriónida: patronímico de Heracles *(Te.* 317; *Esc.* 165, 416...).

Anfítrite ('la que rodea al mundo'): Nereida. De ella se enamora Posidón y la rapta para convertirla en su esposa. Desempeña junto a este dios el mismo papel que Hera junto a Zeus o Perséfone junto a Hades *(Te.* 243, 930).

Anquises: esposo de Afrodita. Padre de Eneas *(Te.* 1009).

Antea: ciudad de Tesalia *(Esc.* 381).

Antifo: asesino de Hesíodo *(Cert.* 245).

Apate: 'Engaño', hija de la Noche *(Te.* 224).

Apeles: antecesor en genealogía de Homero y Hesíodo *(Cert.* 52).

Apesante: probablemente la más alta de las montañas al noroeste de Nemea entre Cleonas y Corinto) (Paus. II, 15, 3) *(Te.* 331).

Apolo: dios de la música y poesía, hijo de Zeus y Letó, hermano gemelo de Ártemis. Recibe culto en Delfos, donde se apoderó del Oráculo de Temis. Por dos veces estuvo al servicio de los mortales: con Laomedonte (Troya) y en la corte de Admeto de Feras (Tesalia) *(Te.* 14, 94, 347, 918; *Tr.* 771; *Esc.* 58, 70, 100, 478; *Cert.* 47).

Aqueloo: río de Etolia (Grecia central): el más grande en longitud y volumen y el más importante en culto y leyenda, por

Glosario de nombres propios

ejemplo disputa, en forma de toro, la mano de Deyanira con Heracles, pero éste logra arrancarle un cuerno y aquél se da por vencido *(Te.* 340).

Aqueos: nombre que se da a los primeros pueblos indoeuropeos que se establecieron en Grecia a comienzo del segundo milenio *(Cert.* 144; *Tr.* 651).

Aquiles: hijo de Tetis y Peleo. Bañado por su madre en la laguna Estigia, era invulnerable en todo su cuerpo excepto en el talón. Héroe fundamental de la guerra de Troya, donde morirá al dispararle Paris, aconsejado por Apolo, una flecha en el talón *(Te.* 1007).

Arcto: centauro *(Esc.* 186).

Arcturo: estrella de la constelación del Boyero; enfrente de la gran Osa, se le considera su guardián; su aparición tiene lugar entre el 24 de febrero y el 4 de marzo, 60 días después del solsticio. Sirvió de guía en la navegación a Ulises *(Od.* V, 272) *(Tr.* 566).

Ardesco: por su sufijo parece que se trata de un río de Tracia *(Te.* 345).

Ares: hijo de Hera. Padre de las amazonas. Dios de la guerra. En su culto se puede ver ese aspecto marcial, por ejemplo en Argos un festival en su honor, llamado Aspis, incluía una procesión armada y una competición en que el premio era un escudo de bronce. También en Samos se celebraba una procesión armada. Sin embargo en la *Ilíada,* poema bélico por excelencia, es ridiculizado, por ejemplo en el canto V en el que herido por Diomedes huye y va a quejarse a Zeus. Algo similar se repite en la *Ilíada* XXI y en el escudo pseudohesiódico al luchar con Heracles (cf. *Esc.* 450 ss.). En Atenas se le dedica una colina: el Areopago (cf. *Il.* V, 892) *(Te.* 922, 933, 936; *Tr.* 145; *Esc.* 59, 109; *Cert.* 195).

Aretiada: descendiente de Ares *(Esc.* 57).

Arges: uno de los cíclopes, hijo de Gea *(Te.* 140).

Argesteo: epíteto del Céfiro *(Te.* 870).

Argifonte: epíteto de Hermes, matador de Argo, ser de múltiples ojos al que Hera encomendó la vigilancia de Ío transformada en vaca *(Tr.* 68, 77, 84).

Argiva: epíteto de Hera, por tener en Argos uno de sus templos más famosos *(Te.* 12).

Argos (cf. Argiva): ciudad del Peloponeso *(Te.* 12; *Cert.* 261).

Ariadna: hija de Minos, que se enamoró de Teseo y le ayudó a salir del laberinto, entregándole un ovillo. Éste, de regreso a Atenas, la abandona en Naxos, donde la recoge Dioniso y la convierte en su esposa *(Te.* 947; *Cert.* 238).

Árimos: de incierta localización. Se ha situado en distintos sitios: regiones montañosas entre Lidia, Misia y Frigia; Pitecusa, Cilicia *(Te.* 304).

Arión: caballo de Yolao *(Esc.* 120).

Aristeo: hijo de Apolo y Cirene (cf. frg. 215-7 de *Catálogo).* Unido a Autónoa engendró a Acteón *(Te.* 977).

Arne: ciudad de Tesalia *(Esc.* 381).

Ártemis: hija de Zeus y Letó, hermana de Apolo. Permaneció virgen, eternamente joven, como prototipo de la doncella arisca que sólo se dedicaba a la caza *(Te.* 14, 918; *Cert.* 120).

Arturo: estrella de la constelación del Boyero (cf. Arcturo).

Ásbolo: centauro *(Esc.* 185).

Ascra: ciudad de Beocia, patria de Hesíodo. Fundada, según se dice, por Eoclo, hijo de Posidón y de la ninfa Ascra (cf. Paus. IX, 29) *(Cert.* 6; *Tr.* 640).

Asia: Oceánide. Más tarde (Apolod. *Bib.* I, 2, 3; Hrdto. IV 45, 3) aparece como esposa de Prometeo o de Jápeto *(Te.* 359).

Ásine: puerto de Argos *(Cert.* 295).

Asteria: hija de Febe, hermana de Letó. Esposa de Perses y madre de Hécate. El que la hermana de Letó se llame Asteria se ha puesto en relación con el hecho de que *Asteria* se da como nombre original de Delos, junto con Ortigía (Apolod. *Bib.* I, 4, 1; *Te.* 409).

Astreo: hijo de Crío y Euriba. Quizá es un nombre inventado para el padre de las estrellas *(Te.* 376, 378).

Ate: 'Ofuscación', hija de la Discordia (Eris) *(Te.* 230; *Tr.* 231).

Atenea/Atena: nace de la cabeza de Zeus, como hija de Zeus y Metis *(Te.* 888), a la que el gran dios se tragó al saber que estaba embarazada, para evitar el nacimiento de un ser superior. Diosa guerrera, armada de casco, lanza y égida. En su escudo fijó la cabeza de Medusa, que le fue entregada por Perseo. Su símbolo era la lechuza, siempre vigilante, y su árbol, el olivo *(Te.* 13, 318, 578, 888, 924; *Tr.* 63, 72, 76; *Esc.* 126, 325, 343, 442, 455, 470; *Cert.* 196).

Atenas: capital de Ática *(Cert.* 281).

Atlante/Atlas: hijo de Jápeto y Clímene. Los poetas antiguos no hablan de una perturbación especial causada por Atlas, pero los mitógrafos tardíos lo convierten en el líder de la revolución. Sobre lo que hace Atlas se distinguen cuatro versiones diferentes: *a)* Sostiene el cielo en su cabeza y manos en el fin del mundo (Hesíodo). *b)* Está bajo tierra y sostiene tierra y cielo (parece que por una mala interpretación de la representación de Atlas sosteniendo un globo en sus hombros, pues el globo era el cielo sólo). *c)* Vive en el mar y sostiene las columnas en que se apoya el cielo (semejante al gigante de la canción de Ullikummi). *d)* Montaña africana y, por tanto, es él mismo la columna que sostiene el cielo. Por su parte, Herodoto (IV, 184, 3) intenta una reconciliación racionalista de los mitos divergentes *(Te.* 509; *Cert.* 183).

Atlántide: patronímico de Maya *(Te.* 938; *Tr.* 383).

Atridas: descendientes de Atreo: Agamenón y Menelao *(Cert.* 136).

Átropo: una de las Moiras *(Te.* 218; *Esc.* 259).

Áulide: puerto de Beocia, en que se dice que compitieron Homero y Hesíodo. Famoso también por haber estado retenido allí el ejército griego que iba camino de Troya hasta que Agamenón reparó su falta con Ártemis (cf. *Ifigenia en Áulide* de Eurípides) (*Cert.* 57; *Tr.* 651).

Autónoa: Nereida (*Te.* 258) y también hija de Cadmo y Harmonía (*Te.* 977).

Batallas *(Hysminas)*: hijas de la Discordia (*Te.* 228).

Belerofonte: hijo de Posidón y Eurínome. Tras haber matado, de modo accidental, a un hombre, tiene que abandonar su ciudad y se va a Tirinte, para que el rey Preto lo purifique. Allí se enamora de él la reina, Estenebea, y, al no conseguir su amor, lo calumnia ante su esposo. Éste, para no violar las reglas de la hospitalidad, lo envía a casa de su suegro a Licia para que lo elimine. Con este fin se le encargan múltiples acciones, de las que se piensa que no saldrá con vida, entre ellas matar a la Quimera. Como las supera todas, el rey se da cuenta de su origen divino y le ofrece la mano de su hija. Estenebea, por su parte, al volver Belerofonte, se suicida (cf. Apolod. *Bib.* II, 3) (*Te.* 325).

Beocia: región de Grecia central, junto al Ática (*Cert.* 57).

Beocio: habitante de Beocia (*Esc.* 24).

Bía ('Violencia'): hija de Palante y Estigia. Junto con sus hermanos (el Ardor, el Poder y la Victoria), acompaña a Zeus. En Prometeo de Esquilo aparece ayudando, junto con el Poder *(kratos)*, a encadenar a un Titán (*Te.* 385).

Bóreas: viento del norte, originario de Tracia, hijo de Astreo y Eos. Pertenece a la generación de los Titanes, y personifica las fuerzas elementales de la naturaleza. Rapta a Oritia, hija del rey de Atenas Erecteo, cuando jugaba a orillas del Iliso (*Te.* 379; *Tr.* 506, 518, 547, 553).

Briareo: centímano, hijo de Urano y Gea. En *Il.* I, 1, 403, se dice que éste es el nombre de los dioses, pues el humano es Egeón. En la Titanomaquia Egeón es hijo de Gea y Ponto, vive en el mar y lucha del lado de los Titanes. Los escolios lo describen como un genio marino hijo de Posidón (*Te.* 149, 617, 734).

Brontes ('trueno'): cíclope, hijo de Gea (*Te.* 140).

Burla (Momo): hija de la Noche (*Te.* 214).

Cadmeo/a: descendiente de Cadmo. Su empleo como epíteto de Tebas se debe probablemente al deseo de distinguir ésta de la egipcia (*Te.* 940; *Esc.* 13; *Tr.* 162).

Cadmo: hermano de Europa. Al ser raptada ésta por Zeus, es enviado por su padre en su búsqueda con el encargo de no volver sin ella. Consulta al oráculo de Delfos y siguiendo sus instrucciones funda Tebas. Tras múltiples peripecias, se casa con Harmonía y es padre de Ino, Sémele, Ágave, Autónoa y Polidoro (*Te.* 937, 975).

Calcis: ciudad de Eubea, en la que se celebran los juegos fúnebres en honor de Anfidamante, en los que compiten Homero y Hesíodo *(Cert.* 70; *Tr.* 655).

Calicles: autor que da como padre de Homero a Mnaságoras *(Cert.* 21).

Calíope ('la de bella voz'): primera de las Musas. Para algunos, según *Cert.* 27, posible madre de Homero *(Te.* 79; *Cert.* 27).

Calipso ('que oculta'): Oceánide. Ninfa madre de Nausítoo y Nausínoo. En *Odisea* (I, 52; VII, 245) es la hija de Atlas y no de Océano. Apolod. *Bib.* I, 2, 7 hace de ella una Nereida *(Te.* 359, 1017).

Calírroe ('de bellas corrientes'): Oceánide *(Te.* 351). Madre de Gerión *(Te.* 288). Es también el nombre de la fuente de donde se llevaba el agua para el baño ritual que debía tomar la novia en su boda *(Te.* 288, 351, 981).

Calisto: ninfa de los bosques, seducida por Zeus bajo la figura de Ártemis, diosa de cuyo cortejo formaba parte la ninfa que rehuía a los hombres. La diosa, indignada porque había perdido su virginidad, la mató y Zeus la convirtió en constelación: la Osa Mayor *(Cert.* 121).

Campaneo: padre de Esténelo *(Cert.* 300).

Caos ('profundidad abierta' / 'abismo' / 'vacío'): primero de los dioses, padre de Érebo y Noche. Es típico poner en cabeza de la generación un elemento oscuro, intangible. Así la Cosmología para los Órficos empezaba bien por la Noche, bien por el Tártaro. En las *Aves* de Aristófanes (693) la cosmogonía comienza con una importante concentración de oscuridad *(Te.* 116, 123).

Cárites: Gracias, hijas de Zeus y Eurínome. De simples potencias de la vegetación se transforman en divinidades de la belleza que habitan en el Olimpo en compañía de las Musas. A ellas se atribuye todo tipo de influencias sobre los trabajos del espíritu y las obras de Arte. Son una personificación del júbilo *(Aglaya)*, el placer *(Eufrósina)* y la felicidad *(Talía)*. El culto más famoso y antiguo de estas diosas era el de Orcómeno. Su templo estaba cerca de uno de Dioniso y de un manantial consagrado a Afrodita. Sus fiestas, las Caritesias, incluían aspectos musicales y danzas nocturnas. En Atenas sus nombres son Auxo y Hegémona (Paus. IX, 35, 2) *(Tr.* 73; *Te.* 64, 907).

Ceco: río muy próximo a Cime, patria de Hesíodo (cf. Estr. 615) *(Te.* 343).

Céfalo: unido a Eos es el padre de Faetonte. Algunos lo hacen hijo de Hermes y padre no de Faetonte, sino de Titón (y Faetonte hijo de Titón) (cf. *Od.* V, 121; XV, 250; Apolod. *Bib.* III, 14, 3) *(Te.* 986).

Céfiro: viento del noroeste-oeste, hijo de Astreo y Eos *(Te.* 379; *Tr.* 594).

Ceix: padre de Temistónoa, la esposa de Cicno. Señor de Traquis, amigo de Heracles, nieto de Anfitrión (cf. Apolod. *Bib.* II, 150) *(Esc.* 354).

Celo: gloria, rivalidad, ardor (no envidiando, sino siendo envidiado). Hesíodo usa la palabra en sentido diferente y malo en *Tr.* 195. Hijo de Estigia y hermano de Nike *(Te.* 384).

Ceneo: rey de los lapitas, transformado sucesivamente en mujer y hombre. Empieza siendo una mujer, pero al ser amada por Posidón, le pide que la transforme en hombre invulnerable y el dios se lo concede. Como hombre lucha con los centauros y, al no poder matarlo, acaban por enterrarlo vivo *(Esc.* 179).

Centauros: excepto Quirón (hijo de Fílira y Crono) y Folo (hijo de Sileno y una ninfa de los fresnos), se consideraban descendientes de Ixión y la nube que Zeus le envió con el aspecto de Hera para probar si consumaba su sacrílega pasión. En Homero y en la literatura antigua son típicos brutos (cf. Pínd., *Pít.* III, 4; IV, 119; Teognis. 541), pero sin la forma semiequina con que aparecen en las representaciones figuradas y leyendas posteriores. Invitados por Pirítoo (hijo de Ixión) a su boda con Hipodamía, se emborrachan e intentan raptar a las mujeres de los lapitas (tribu tesalia sobre la que gobierna Pirítoo), pero son derrotados con ayuda de Teseo y Heracles (cf. *Il.* I, 262). Los supervivientes se dispersan por toda Grecia y uno de ellos, Neso, se alquila para atravesar el río Eveno, donde morirá por la flecha que le dispara Heracles por intentar violar a Deyanira *(Esc.* 184).

Ceo: figura muy oscura, conocida sólo como padre de Letó (cf. *Him. Ap.* 62) *(Te.* 134, 404).

Cerbero: perro del Hades, hijo de Tifón y Equidna *(Te.* 311).

Cerceis: Oceánide *(Te.* 355).

Ceto: probablemente, sin más, la personificación de la Ballena, pues ésa es la palabra con que se designa al monstruo marino. Hija de Ponto y Gea, madre de las Grayas, Gorgonas, Equidna y la serpiente guardiana de las manzanas de oro de las Hespérides *(Te.* 238, 333).

Chipre: isla que, según la tradición, recogió a Afrodita cuando nació. De ahí el epíteto habitual de «Cipris» con que se se designa a esta diosa *(Te.* 193).

Cíclopes *(kyklos* = «redondo», *ops* = «ver/vista»): para Hesíodo son simplemente unos artesanos que con un ojo que, en agradecimiento a Zeus por su liberación (vv. 501-6), le fabrican los rayos, pues Hefesto aún no había nacido. Como hacen rayos, Hesíodo les da nombres que representan tres aspectos diferentes del mismo fenómeno (vv. 690-1): Brontes (lo que se oye), Estéropes (lo que brilla), Arges (lo que resplandece), y son realmente el Trueno, el Relámpago y el Rayo. No se parecen, pues, en nada a los salvajes y gigantescos pastores que aparecen en la *Odisea (Te.* 139, 144).

Cicno: bandido tesalio, hijo de Ares, que mataba a los que llevaban las ofrendas a Apolo. Muere a manos de Heracles, ayudado por Atenea *(Esc.* 57, 65).

Cidemo *(Kydoimos)*: confusión, personificada *(Esc.* 156).

Cime: ciudad eolia de Asia Menor, patria del padre de Hesíodo *(Tr.* 636).

Cimo: Nereida (*Te.* 255).

Cimódoca: Nereida (*Te.* 252).

Cimopolea: hija de Posidón, casada con Briareo. El nombre es del mismo tipo de los de las Nereidas (*Te.* 819).

Cimótoa: Nereida (*Te.* 245).

Cimotolega: Nereida (*Te.* 253).

Ciprogenia ('nacida en Chipre'): nombre de Afrodita (*Te.* 199).

Circe: maga, hija del Sol y de Perseis (Oceánide). Hermana de Eetes, rey de Cólquide, guardián del Vellocino de Oro, padre de Medea y de Pasífae, madre del Minotauro. Seduce a Odiseo (cf. *Od.* X, 333-47) pero éste se resiste a su hechicería gracias a los consejos que le da Hermes (*Te.* 957).

Citera: isla al sur de Laconia, donde recibiría culto Afrodita (*Te.* 192, 198).

Citerea: nombre que se da a Afrodita porque se decía que había nacido en Citera. Como tal aparece como esposa de Ares en *Te.* 934. Homero, en cambio, la asocia con Ares como hermana (*Il.* V, 359) o amante (*Od.* VIII, 267) (cf. Fragua Vulcano), pues está casada con Hefesto. Su matrimonio con Ares era conocido en el arte del siglo vi (Paus. V, 18, 5) y en Esparta hay un templo de Afrodita Areia (*Te.* 196, 198).

Cleantes: estoico del siglo iv-iii a.C. (*Cert.* 20).

Clímene ('la famosa'): Oceánide, esposa de Jápeto y madre de Atlante, Menetio, Prometeo y Epimeteo (*Te.* 351, 508).

Clío: Musa de la historia (*Te.* 77).

Clitia ('gloriosa'): Oceánide (*Te.* 352).

Cloto ('hilar'): una de las tres Moiras (*Te.* 218).

Colofón: ciudad de Asia Menor (*Cert.* 15).

Cólquide: región costera más oriental del mar Negro. Patria de Eetes, adonde tuvo que ir Jasón en busca del Vellocino de Oro (*Cert.* 132).

Confusión (*Kydoimos*): personificación de la que se produce en una lucha (*Esc.* 156).

Corinto: ciudad en la unión del Peloponeso con Grecia central (*Cert.* 291).

Coto: centímano, hijo de Urano y Gea. Nombre tracio como el de la diosa Cotis (*Te.* 149, 618, 817).

Cratos ('el poder'): hijo de Palante y Estigia (cf. Bía) (*Te.* 385).

Creófilo: poeta amigo de Homero, a cuya casa va éste en Íos, donde muere (*Cert.* 329).

Creonte: rey de Tebas, esposo de Eníoca (*Esc.* 83).

Creta: isla que fue la patria de Zeus, Pluto, etc. (*Te.* 477, 480, 971; *Cert.* 242).

Creteida: ninfa de la que los de Esmirna dicen que es hijo Homero (*Cert.* 10).

Crío: Titán, padre de Astreo, Palante y Perses. No se sabe nada seguro sobre su naturaleza. Aparece como nombre geográfico de río o incluso de persona en Heródoto (VI, 50). Es el primer Titán que busca esposa fuera de sus hermanas. Él y Jápeto deben casarse con personas ajenas a la familia, porque las dos mujeres titanes Temis y Mnemósine están reservadas para Zeus *(Te.* 134, 375).

Crisaor ('el de la espada de oro'): monstruo nacido de la sangre de Medusa, padre de Gerión *(Te.* 281, 979).

Criseida ('áurea'): Oceánide *(Te.* 359).

Crónida: patronímico de Zeus *(Te.* 53, 412, 423; *Tr.* 18, 71, 138).

Cronión: patronímico de Zeus *(Te.* 4, 534; *Tr.* 69, 242; *Cert.* 290).

Crono: su nombre no debe ser griego. Titán más joven, padre de Zeus, y, como éste, es el dios antiguo más famoso. Al igual que la historia de Zeus no puede separarse de la de los dioses más jóvenes, la de Crono no puede separarse de la de los Titanes. Pero como tenía un lado benevolente, de ahí que en su época sea la Edad de Oro y que la usurpación de Zeus represente el comienzo de una vida más dura (cf. Aristót. *Polít.* 16, 7). Las «Cronias» jónico-áticas parecen haber sido unos alegres festivales de final de verano, entre siega y siembra, por lo que no está clara la idea que algunos defienden de que Crono era el dios de la recolección *(Te.* 137; *Tr.* 111).

Ctímeno: asesino de Hesíodo *(Cert.* 245).

Daemón: uno de los nombres dados al padre de Homero *(Cert.* 22).

Dánae: hija de Acrisio, rey de Argos, que la encierra en una cámara subterránea de bronce para evitar que se cumpla el oráculo de que un hijo de Dánae lo mataría. A pesar de la prisión y la vigilancia, es seducida por Zeus, que penetra en forma de lluvia de oro. De esa unión nace Perseo, héroe que mata a Medusa (Gorgona) *(Esc.* 216).

Danaida: patronímico de Perseo *(Esc.* 229).

Delfos: ciudad de Fócide, famosa por su oráculo de Apolo *(Cert.* 59).

Delos: isla del Egeo en que nacen Apolo y Ártemis *(Cert.* 322).

Deméter: diosa de la agricultura. Hija de Crono y Rea. Madre de Pluto y Perséfone. Diosa de la tierra cultivada, esencialmente del trigo. Recibe culto principalmente en Eleusis, donde unas celebraciones mistéricas conmemoran el rapto de su hija Perséfone por Hades *(Tr.* 32, 300; *Te.* 454, 912).

Demócrito (de Trecén): escritor que cita como padre de Homero al comerciante Daemón *(Cert.* 22).

Dike: Justicia. Una de las Horas, hijas de Temis y Zeus. Sobre todo importante en *Tr.* (213 ss., 256 ss.). En muchos aspectos es similar a su madre Temis. Tiene como misión principal asegurar el equilibrio social. Entronizada en el Olimpo, toma asiento junto a Zeus y él la envía a visitar a los mortales. Solmsen (en *Hesiod and Aeschylus*) señala que con Hesíodo se inicia una reforma de la moralidad cuyas etapas estarán marcadas por Esquilo,

Eurípides, Platón y los estoicos *(Te.* 902; *Tr.* 220, 256).

Dimo *(deimos):* Terror, hijo de Ares y Afrodita *(Te.* 934; *Esc.* 463).

Dinámena: Nereida *(Te.* 248).

Dío: antepasado en genealogía de Homero y Hesíodo *(Cert.* 52).

Diomedes: héroe de la guerra de Troya. Hijo de Tideo *(Cert.* 298).

Dione: Oceánide. Importante sólo en Dodona, donde era considerada la esposa de Zeus del agua que fluye, cuya fuente oracular manaba en la base de la famosa encina *(Te.* 17, 353).

Dioniso: hijo de Zeus y Sémele, esposo de Ariadna *(Te.* 941; *Tr.* 614; *Esc.* 400).

Discordia (Eris): hija de la Noche (cf. Juicio París). En *Tr.* aparecen dos para armonizar con el nuevo orden el primordial e insuprimible espíritu de lucha: la Eris Buena lleva al trabajo y produce riqueza, mientras que la Eris Mala conduce al ocio y origina la pobreza, que puede desembocar en el robo u otros males. En esa oposición, a la que se unen *pólemos* (guerra) y *neikos* (disputa), sitúa Hesíodo el origen del mundo, como lo hará también Demócrito al considerar a Eros y Eris como motores de los átomos que conducen a éstos a la unión o a la desunión. Igualmente Heráclito dice que «la guerra es padre de todo, rey de todo, a unos hace esclavos, a otros libres» *(Esc.* 148, 156; *Te.* 225, 226; *Tr.* 11, 16, 24).

Discursos: personificados como hijos de Eris (Discordia) *(Te.* 229).

Disnomía: mala ley, hija de la Discordia (cf. Solón, frgs. 3, 30 ss.) *(Te.* 230).

Dolores: personificados como hijos de Eris (Discordia) *(Te.* 227).

Dóride: la Oceánide que aparece en 350 tiene una hija Nereida del mismo nombre en 250. Hay otros pares similares en las dos listas. El que la madre de las Nereidas pueda ser una Oceánide muestra la tendencia a romper la distinción entre los dos grupos *(Te.* 241, 250, 350).

Dos: regalo, un espíritu *(Tr.* 356).

Doto: Nereida *(Te.* 248).

Dres: antepasado en la genealogía de Homero y Hesíodo *(Cert.* 50).

Dríalo: centauro *(Esc.* 187).

Driante: lapita *(Esc.* 179).

Éaco: hijo de Zeus y Egina. Rey de Egina, pide a Zeus que transforme en hombres a las hormigas de la isla y de ahí surgen los Mirmidones (de *myrmekes* = hormigas). De su boda con la hija de Escirón, Endeis, nacen Peleo y Telamón. Después se une a la nereida Psámata, que intenta librarse de él transformándose en foca (Apolod. *Bib.* III, 12, 6), y nace Foco, al que matan por celos los hijos del primer matrimonio. Éaco destierra a éstos (a Telamón a Salamina y a Peleo a Tesalia). Por la reputación de su piedad y justicia, a su muerte Éaco se convierte en juez de las almas de los muertos *(Te.* 1005).

Eagro: uno de los antepasados de Homero y Hesíodo *(Cert.* 49).

Edipo: descendiente de Cadmo, que se convierte en rey de Tebas, tras adivinar el enigma propuesto por la esfinge. Sobre él pesa el terrible destino de matar a su padre y casarse con su madre *(Tr.* 163).

Eetes: hijo del Sol y de Perseis (Oceánide). Rey de Cólquide, dueño del Vellocino de Oro *(Te.* 957; *Cert.* 138).

Egeida: patronímico de Teseo *(Esc.* 182).

Egeo: a) *monte* en el que se oculta a Zeus recién nacido, en Creta *(Te.* 484); b) *rey de Atenas*, padre de Teseo, que da nombre al mar que baña las costas de Ática, por haberse arrojado a él cuando vio las velas negras del barco de Teseo que regresaba de Creta y pensó que su hijo había sido devorado por el Minotauro *(Esc.* 182).

Egina: isla del Egeo, al sur del Ática *(Cert.* 297).

Eirene: *véase* Irene.

Electra (la de ámbar): Oceánide, esposa de Taumante, madre de Iris y las Harpías, da nombre a un arroyo meseníno y a una playa (cf. Paus. IV, 33, 6) *(Te.* 266, 349).

Electrión: hijo de Perseo y Andrómeda, hermano de Alceo (Apolod. *Bib.* II, 49). Padre de Alcmena *(Argum. Esc.* 11; *Esc.* 3).

Electríona: patronímico de Alcmena ('hija de Electrión') *(Esc.* 16, 35).

Eleuter: ciudad de Beocia. Identificada con Eleutera en Citerón. Es posible que la existencia de una rivalidad de culto a las musas en el Helicón y el Citerón tenga conexión con la leyenda de la disputa de canto entre las dos montañas descrita por Corinna *(Te.* 54).

Elpis: esperanza. Un espíritu *(Tr.* 96).

Ematión: hijo de Eos y Titono, hermano de Memnón. Nacidos en Etiopía, Memnón reina sobre ella, pero deja la zona occidental a cargo de Ematión *(Te.* 985).

Eneas: hijo de Anquises y Afrodita, héroe troyano, fundador de Roma *(Te.* 1008).

Engaño *(Apate):* personificación, hija de la Noche *(Te.* 224).

Enío: una de las Grayas, hija de Forcis y Cefo *(Te.* 273).

Énoe: ciudad de Lócride *(Cert.* 229).

Enosigeo ('que sacude la tierra'): epíteto y nombre de Posidón *(Te.* 441; *Esc.* 104).

Eólide: región costera de Asia Menor.

Eolio: de Eólide *(Tr.* 636).

Éone: Nereida *(Te.* 255).

Eona: en la Argólide *(Cert.* 296).

Eos (la Aurora): hermana de Helio y Selene, hija de Hiperión, esposa de Astreo. La Aurora *(Te.* 378) es madre de los vientos, porque éstos tienden a levantarse al amanecer *(Tr.* 610; *Te.* 19, 372, 378).

Eósforo: estrella de la mañana, hija de Astreo y Eos. Venus, el único planeta mencionado en la literatura griega antes del siglo iv. No es visible nunca de noche, sino sólo algunas horas antes de la salida o puesta del sol como estrella de la noche *(Il.* XXII, 318) o estrella de la mañana *(Il.* XXIII, 226) *(Te.* 381).

Epicasta: también llamada Policasta *(Cert.* 25). Hija de Néstor que el oráculo da como madre de Homero *(Cert.* 40).

Epidauro: ciudad de la Argólide *(Cert.* 296).

Epífrades: antepasado en genealogía de Homero y Hesíodo *(Cert.* 51).

Epimeteo ('el necio'): hijo de Jápeto y Clímene. Inventado como nombre opuesto a Prometeo (el inteligente), lo que recuerda la historia del bueno y el malo en Hitita, o la de Eteocles y Polinices de la saga tebana. Es tratado como si fuera un mortal. A veces aparece también como el padre de Pirra o como hijo de Prometeo y hermano de Deucalión o marido o padre de Éfira *(Tr.* 85; *Te.* 511).

Equidna ('Víbora'): hija de Forcis y Ceto, mitad mujer y mitad serpiente *(Te.* 297, 304).

Erato: Nereida. También aparece como musa que preside la poesía lírica en *Te.* 78 *(Te. 78,* 246).

Eratóstenes: filólogo del siglo iii-ii a.C., discípulo de Calímaco, que en un pequeño poema épico *Hesíodo* trata de la muerte de Hesíodo y el castigo de sus asesinos *(Cert.* 244).

Érebo ('Tinieblas'): hijo de Caos, personificación de la región de la oscuridad, como opuesta al reino de la luz. Por ello está asociado con la sombra, el poniente *(Od.* XII, 81), Hades y Tártaro *(Te.* 123).

Erídano: río, hijo de Océano y Tetis, identificado con el Po, o, por similitud de nombre, con el Ródano. Heródoto (III, 115) habla de él como fuente de ámbar *(Te.* 338).

Erigenía: la hija de la mañana. Epíteto aplicado a Eos, que se convierte en nombre *(Te.* 381).

Erinias: las Furias, nacidas de la sangre de Urano: Alecto, Tisífone y Megera. Se representan como seres alados con serpientes entre sus cabellos y antorchas o látigos en las manos. A partir de Homero tienen como misión principal la venganza del crimen (cf. Paus. I, 28, 6) *(Te.* 185; *Tr.* 803).

Eris: *véase* Discordia.

Eritea: isla fabulosa del Océano. Al igual que la de las Gorgonas (Sarpedón) y la de las Sirenas (Antemoesa), se ha identificado con Cádiz (Apolod. *Bib.* II, 5, 10) o con alguna más próxima (Hrdoto. IV, 8) *(Te.* 290).

Eros: amor, hijo de Caos y hermano de Gea y Tártaro. La posición de Eros en la primera generación de poderes creados sugiere una función cuasidemiúrgica, como en Orfeo. Similar posición ocupa *Pothos* en la Cosmogonía fenicia (cf. Aristót. *Metaf.* 984b, 23). Si bien como tal sólo se le menciona en *Te.* 201, está puesto como fuerza de generación o de reproducción, mediante *philotes* (afecto) y Afrodita, con los que se describe la unión sexual. Eros era adorado en Tespias en forma de fetiche de piedra, que debió de ser muy antiguo (cf. Paus. IX, 27,

1), y había competiciones gimnásticas y musicales en su honor cada cuatro años: las erotidia. De ahí que muchos piensen que por esta importancia Hesíodo lo puso en lugar tan alto *(Te.* 120).

Escamandro: río de Tróade, hijo de Océano y Tetis (cf. *Il.* XXI, 131 ss.) *(Te.* 345).

Esepo: río de Tróade *(Te.* 342).

Esfinge: hija de Quimera y Orto. Monstruo con rostro de mujer, pecho, patas y cola de león y alas de ave de rapiña. Las esfinges egipcias más primitivas eran yacentes, masculinas y sin alas. Eran consideradas encarnaciones de dioses o reyes, que servían como vigilantes en templos y tumbas. Pero en el segundo milenio los egipcios desarrollaron un segundo tipo de esfinges: femeninas, con cabeza humana, aladas, de pie sobre cuatro patas. En Europa aparecen por primera vez en el arte cretense y micénico *(Te.* 326).

Esmirna: ciudad de la costa Lidia, de Asia Menor, a orillas del río Meles *(Cert.* 9).

Esónida: patronímico de Jasón *(Te.* 993).

Espeo: Nereida *(Te.* 245).

Esperanza: personificada *(Tr.* 96).

Esteno: Gorgona, hija de Forcis y Ceto *(Te.* 276).

Estéropes ('relámpago'): cíclope, hijo de Urano y Gea *(Te.* 140).

Estigia: Oceánide, de la que Hesíodo, en *Te.* 383-403, indica que se convierte en garante del juramento de los dioses y, en 775-806, describe su situación presente. La razón por la que es madre de Celo, Nike, Kratos y Bía es un mito etiológico que explica por qué Nike y Poder están siempre junto a Zeus y por qué los dioses juran por Estigia. Estigia envía a luchar con Zeus a sus hijos y éstos no podrían ser otros que Victoria y Fuerza, que eran lo que Zeus necesitaba (cf. Hrdoto. VI, 74; Paus. VIII, 17, 6-18, 6). Se ha comparado la descripción de Hesíodo (779) con los relatos sobre la cascada en Nonacris, en Arcadia, que también se llama Estigia *(Te.* 361, 383-403, 778) (cf. nota 60 de *Te.).*

Estrimón: río de Tracia, hijo de Océano y Tetis. Conocido en Mitología como el padre de Reso y en conexión con las hazañas de Heracles, que lo hizo intransitable para barcos al arrojar en su corriente enormes peñascos, con el fin de poder atravesarlo a su regreso de la lucha con Gerión *(Te.* 339).

Éter: ('cielo superior' / 'aire claro'): hermano de Hémera, hijos de la Noche. Son la antítesis de sus padres (Hémera frente a Noche y Éter frente a Érebo). Pero lo esencial no es que sean opuestos, sino incompatibles en naturaleza, pero inseparables en pensamiento (cf. asociación de contrarios, por ejemplo, de que habla Sócrates cuando le quitan las cadenas, en *Fedón) (Te.* 124).

Etíopes: tribu mítica, sólo más tarde identificada con el pueblo al sur de Egipto (cf. *Catálogo* frg. 150, 17-19). En Homero viven al fin de la tierra y, como los hiperbóreos, disfrutan de banquetes en compañía de dioses *(Il.* I, 423; *Od.* I, 22). Aunque se habla de dos grupos, normalmente se considera que viven en el este, lo que concuerda con que su rey Memnón es el hijo de Eos. Para explicar su nombre («cara quemada») se inventa el mito de Faetonte, hijo del sol, que consigue que su padre le deje la cuadriga, pero, al no poder dominarla, la retiene demasiado tiempo sobre esa zona y quema en exceso a sus habitantes *(Te.* 985).

Etusa: hija de Posidón, que, unida a Apolo, se considera la pareja cabeza de la genealogía de Homero y Hesíodo *(Cert.* 47).

Eubea: isla separada del Ática por el estrecho del Euripo. Rica en vid, olivos y cereales *(Cert.* 66; *Tr.* 651).

Eucles: antepasado de Homero y Hesíodo *(Cert.* 50).

Eucranta: Nereida *(Te.* 243).

Eudora ('de buenos regalos'): Nereida *(Te.* 244), también aparece en 360 como Oceánide. Probablemente debe su nombre («la de los buenos regalos») al pescador que se beneficia de su generosidad *(Te.* 244).

Eufemo: antepasado en la genealogía de Homero y Hesíodo *(Cert.* 51).

Eufrósina: una de las tres Gracias *(Te.* 909).

Eugeón: uno de los nombres dados al padre de Homero *(Cert.* 21).

Eulímene: Nereida *(Te.* 247).

Eunica: Nereida *(Te.* 246).

Eunomía ('buena ley'): una de las Horas *(Te.* 902).

Eupompa: Nereida *(Te.* 261).

Euríala: Gorgona, hija de Forcis y Ceto, hermana de Esteno y Medusa *(Te.* 276).

Euribia: hija de Ponto y Gea, madre de Astreo, Palante y Perses *(Te.* 239, 375).

Euricles: adivino que aconseja la inmolación de los asesinos de Hesíodo *(Cert.* 247).

Eurínome (= dadivosa): Oceánide *(Il.* XVIII, 394), tercera esposa de Zeus y madre de las Gracias. Pausanias (VIII, 41, 4) habla de un templo y un sacrificio anual en Figalia en medio de un bosque de cipreses *(Te.* 358, 907).

Eurípilo: héroe homérico *(Cert.* 301).

Euristeo: hijo de Esténelo, rey de Tirinte, que impone a Heracles sus famosos «trabajos» *(Esc.* 91).

Eurítión: boyero de Gerión *(Te.* 293).

Europa: Oceánide. Europa aparece como nombre de una fuente en Dodona (en Tesalia el río Europo). En *Himno a Apolo* (vv. 251 y 291) Europa designa a Grecia continental como distinta del Peloponeso e islas *(Te.* 357).

Euterpe ('la encantadora'): Musa de la música *(Te.* 77).

Evágora: Nereida *(Te.* 257).

Evarna: Nereida *(Te.* 259).

Eveno: río de Etolia, hijo de Océano. Probablemente el río etolio en que Eveno, el padre de Marpesa, se ahogó (Apolod. *Bib.* I, 7, 8). Otro río Eveno fluía en el golfo de Adramitio, frente a Lesbos *(Te.* 345).

Exadio: lapita *(Esc.* 180).

Faetonte: hijo de Céfalo y Eos. En otros lugares hijo de Helio y Clímene (cf. *Etíopes) (Te.* 987).

Falero: lapita *(Esc.* 180).

Falsedades: personificadas, hijas de Eris *(Te.* 229).

Fasis: río de la Cólquide, hijo de Océano y Tetis, que aparece mencionado también en conexión con los Argonautas *(Te.* 340).

Fatiga *(Ponos):* hija de Discordia *(Te.* 226).

Febe: hija de Gea y Urano. Madre de Letó. Este nombre tiene probablemente su origen en un epíteto, como Febo. Esquilo *(Eum.* 7) emplea esta semejanza y hace derivar a Febo, incidentalmente, de él *(Te.* 136, 404).

Febo ('brillante'): epíteto y nombre de Apolo *(Te.* 14; *Esc.* 68, 100).

Feges: padre de Anfífanes y Ganíctor, en cuya casa se hospeda Hesíodo en Énoe *(Cert.* 230).

Feme ('habladuría'): concepto elevado al estatus de Espíritu *(Tr.* 760).

Ferusa: Nereida. Quizá «la que lleva barcos» (cf. *Od.* III, 300; X, 26) *(Te.* 248).

Ficio: montaña cerca de Tebas que toma su nombre de la esfinge que, por ejemplo, en *Te.* 326 se llama *Fix (Esc.* 33).

Filírida: patronímico de Quirón, hijo de Fílira *(Te.* 1002).

Filoterpes: antepasado en la genealogía de Homero y Hesíodo *(Cert.* 51).

Filotes: amor / amistad / afecto. Hijo de la Noche. Implica, en cierto modo, posesión, como lo indica su empleo como posesivo y su alternancia con expresiones como «poseída por...». Igualmente puede pensarse en la afirmación de los cínicos de que «los amigos son una sola alma en dos cuerpos», o la de los estoicos de que «comunes son las cosas de los amigos», o incluso en el ritual cristiano del matrimonio, que afirma que por el amor los dos se convierten en uno. Las contraposiciones: *pólemos / filía; neikos / harmonía + Eris / eros* aparecen en las narraciones mitológicas y filosóficas como parejas de fuerza, estrechamente unidas, presidiendo instituciones complementarias *(Te.* 224).

Fix: monstruo legendario, cuya morada se situaba en el monte Ficio, en Beocia (cf. *Esc.* 33), y que más tarde se confunde con la esfinge *(Te.* 326).

Fobo(s): Pánico, hijo de Ares y Afrodita *(Te.* 934; *Esc.* 155).

Foceos: habitantes de Fócide, región de Grecia central *(Esc.* 25).

Foco: hijo de Éaco y de la Nereida Psámata, antepasado de los Foceos (Paus. II, 29, 2; X, 1, 1); cf. Éaco *(Te.* 1004).

Fonoi: 'Asesinatos', hijos de la Discordia *(Te.* 228).

Forcis: hijo de Ponto y Gea, esposo de Ceto, padre de las Grayas *(Te.* 237).

Frigia: región del centro de Asia Menor *(Cert.* 112).

Furias: las Erinias. Nacidas de la sangre de Urano *(Te.* 185, *Tr.* 803).

Galatea: Nereida. Doncella blanca que habitaba el mar en calma, amada por Polifemo, cíclope siciliano de monstruoso cuerpo (cf. *Il.* XVIII, 45; Teocr. XI; Ov. *Met.* XIII, 740 ss.) *(Te.* 250).

Galaxaura ('de viento suave como la leche'): Oceánide *(Te.* 353).

Galena: ('la calma' / 'el mar tranquilo'): Nereida de la que había una estatua en el templo ístmico de Posidón *(Te.* 244).

Ganíctor: 1) hijo de Anfidamante, rey de Eubea, que organiza en esta isla los juegos fúnebres en honor de su padre, en los que compiten Homero y Hesíodo; 2) hermano de Antifanes, en cuya casa, en Énoe, se hospeda Hesíodo *(Cert.* 65, 231).

Gea: la tierra personificada, madre y esposa de Urano, del que se venga con ayuda de su hijo Crono *(Te.* 20, 45, etc.).

Geras: la vejez, hija de la Noche *(Te.* 225).

Gerión: Gigante hijo de Crisaor y Calírroe, al que mata Heracles. Sobre la localización de la leyenda las opiniones no coinciden: Apolod. *(Bib.* II, 5, 10) y Hrdoto. (IV, 8, 1) la sitúan en Iberia, frente a otros (Arriano, *Anab.* II, 16, 5-6) que prefieren el Epiro *(Te.* 287, 982).

Gigantes: hijos de Gea y Urano. Nacen de la tierra, pero con un elemento fertilizante (la sangre de un dios). En la literatura primitiva se les representa con armadura completa y tipo humano. Sólo más tarde luchan con peñas y troncos de árboles. Su nacimiento (completamente armados) hace pensar en los *sparti* de Tebas y Cólquide, lo que implicaría que iban a luchar *(Te.* 185).

Giges: centímano, hijo de Gea y Urano *(Te.* 618).

Glauca ('la brillante' / 'verde'): Nereida. Este nombre aparece como epíteto del mar en *Il.* XVI, 34 *(Te.* 244).

Glaucónoma: Nereida *(Te.* 256).

Gorgo: hijo de Midas (cf. Janto) *(Cert.* 266).

Gorgonas: tres hijas de Forcis y Ceto: Esteno, Euríala y Medusa. Las dos primeras eran inmortales. Habitaban en Occidente, no lejos del reino de los muertos. Su aspecto era espantoso: serpientes en lugar de cabellos, grandes colmillos, manos de bronce y alas de oro. Sólo Perseo se atreve a enfrentarse a ellas; corta la cabeza de Medusa, empleando para ello objetos mágicos, que le proporcionan Atenea y Hermes: sandalias aladas, casco de Hades, que le hace invisible, hoz de un metal milagroso (diamante), zurrón especial, escudo de bronce de Atenea (cf. Apolod. *Bib.* II, 4, 2 ss.). Estos seres llegan a Grecia probablemente de Oriente y suelen aparecer representados en escudos, copas, etc., con función apotropaica *(Te.* 274; *Esc.* 224, 230).

Gracias: *véase* Cárites.

Gránico: río de Tróade, hijo de Océano y Tetis *(Te.* 342).

Grayas ('viejas'): Enio, Penfedro y Dino, hijas de Forcis, por lo que también son las llamadas Fórcides. A veces son representadas como viejas y feas, pero otras veces se representan como jóvenes y delgadas. Son llamadas viejas por su pelo. Hesíodo parece que no conoce la versión en que éstas tenían un solo diente y un solo ojo, que empleaban por turno las tres *(Te.* 270).

Hades: nombre que designa tanto al dios del mundo subterráneo como al propio mundo. Hijo de Crono y Rea, hermano de Zeus, raptor de Perséfone. Tiene como atributo un casco que hace invisible al que lo lleva *(Te.* 311, 455; *Tr.* 153; *Cert.* 80).

Halia ('salada'): Nereida *(Te.* 245).

Haliacmón: río, a veces macedonio, pero aquí parece el primitivo nombre del argivo Ínaco *(Te.* 341).

Halimeda: Nereida *(Te.* 255).

Hambre: personificada, hija de Eris *(Te.* 228; *Tr.* 299).

Harmonía: esposa de Cadmo, hija de Ares y Afrodita *(Te.* 937).

Harpías: hijas de Taumante y Electra: Aelo (borrasca), Ocípeta (vuela rápido) y Celeno (oscura). Representadas igual que las sirenas, como aves con cabeza femenina y afiladas garras; aparecen como raptoras de niños y de almas, pero, sobre todo, fue víctima suya Fineo, hasta que los Argonautas lo libraron de ellas. Sin embargo, en la época más primitiva eran imaginadas como caballos. En Homero la harpía Ocípeta es la madre de Céfiro (viento del oeste) y de los maravillosos caballos de Aquiles *(Te.* 267).

Hebe: hija de Zeus y Hera, esposa de Heracles *(Te.* 17, 922).

Hécate: hija de Perses y Asteria, esposa de Forbante, madre de Escila. Parece que llegó a Grecia desde Caria (*c.* 700), pero no se sabe cuándo. En el siglo v es adorada en Egina, Selinunte y Atenas, pero más bien como diosa de culto privado. La Hécate descrita por Hesíodo es muy distinta de la familiar de siglos más tarde. Está libre de asociaciones lunares, mágicas, ctónicas..., es una diosa independiente, dispuesta a ayudar a distintos tipos de hombres en diferentes situaciones. Su esfera de influencia es más «universal» que las de otros dioses. Hesíodo pudo conocer su culto a través de su padre y el que su hermano se llame Perses (como el padre de Hécate) puede llevar a pensar que el padre de Hesíodo fuera devoto de Hécate. Por otra parte, como es prima de Apolo y Ártemis y su nombre se corresponde con el título de *hekatos* de Apolo (dios también de origen asiático) y su carácter y atributos son muy semejantes a los de Ártemis, se podría pensar en una hipóstasis de Ártemis en Hécate, con la que, de hecho, se identificó después *(Te.* 411).

Héctor: héroe troyano, hijo de Príamo y Hécuba, que mata a Patroclo y muere a manos de Aquiles en la guerra de Troya *(Cert.* 197).

Hefesto: en Homero *(Il.* I, 578; XIV, 338; *Od.* VIII, 312) es hijo de Zeus y Hera. Aquí lo es sólo de Hera, en revancha por el nacimiento de Atenea. Ambos son patronos de los artesanos *(Od.* VI, 233). Es el esposo de Aglaya *(Te.* 927; *Tr.* 60; *Esc.* 123).

Hélade: Grecia *(Tr.* 653).

Helánico: historiador de *c.* 400 a.C. *(Cert.* 20).

Helena: reina de Esparta, esposa de Menelao, hija de Zeus y Leda, hermana de Cástor y Pólux. Su rapto por Paris provoca la guerra de Troya *(Cert.* 318; *Tr.* 165).

Hélice: ciudad de Acaya *(Esc.* 381).

Helicón: monte de Beocia en el que las Musas se aparecen a Hesíodo *(Te.* 2; *Tr.* 639; *Cert.* 5).

Heliconíadas: epíteto de las Musas *(Te.* 1).

Helio: sol, hijo de Hiperión, hermano de Eos y Selene, esposo de Perseis, padre de Eetes y Circe *(Te.* 19, 371).

Hémera *(véase Éter):* Día, hija de Noche y Érebo, esposa de Éter. El día nace de la noche y no viceversa, porque representa un estado más desarrollado: noche > día = próspero (el mundo tiene forma y es recorrido por hombres); día > noche = regreso. De ahí, posiblemente, el que Homero diga siempre «noches y días» y no al contrario *(Te.* 124, 748).

Heníoca: esposa de Creonte, rey de Tebas *(Esc.* 83).

Heptáporo: río de Troade *(Te.* 341).

Hera: esposa de Zeus, hija de Crono y Rea *(Te.* 11, 454).

Heracles: hijo de Zeus y Alcmena. Nace en Tebas, pero la mayor parte de sus hazañas tienen lugar en Tirinte. Héroe tipo espartano que logra vencer a los monstruos con su fuerza, utilizando la maza y la piel de león, representado siempre con aspecto rudo, salvaje, frente al héroe civilizado ático, Teseo, imberbe, que utiliza las armas propias de los hombres civilizados *(Te.* 289, 943; *Cert.* 115).

Hermes: hijo de Zeus y Maya, mensajero de los dioses; inventor de la lira; dios de los comerciantes, ladrones, caminantes, es representado con alas en los pies, un caduceo en sus manos y la cabeza cubierta con gorro de ancha ala. Se le consagra el cuarto día del mes *(Te.* 444, 938; *Tr.* 68).

Hermíone: ciudad de Argólide *(Cert.* 295).

Hermo: río de Lidia, hijo de Océano y Tetis, al N.E. de Cime *(Te.* 343).

Hesíodo: poeta didáctico (cf. *Cert.* 1; *Te.* 22).

Hespérides: son hijas de la Noche porque habitan al extremo Occidente. Encargadas de la custodia de las manzanas de oro, un fruto mítico común (cf. las de Atalanta, la de Eris en la boda de Tetis y Peleo, la de Eva). Si bien se caracterizan por «de hermoso canto» *(Te.* 275), éste no parece peligroso, como el de las sirenas. Quizá como Circe, aparecen cantándose a sí mismas *(Te.* 215, 275).

Hestia: diosa del Hogar. Única de las hijas de Crono que permaneció virgen *(Te.* 454).

Híades ('lluviosas'): grupo de estrellas de Tauro, ligadas a las Pléyades, cuya aparición coincidía con las épocas de lluvia. Para unos habían sido las nodrizas de Dionisio que, por miedo a Hera, tras confiar el niño a Ino, huyeron junto a su abuela Tetis, y allí, después de ser rejuvenecidas por las artes mágicas de Medea, fueron transformadas en Constelación. Otros, en cambio, cuentan que, desoladas por la muerte en una cacería de su hermano Hiante, se suicidaron y fueron transformadas en Constelación *(Tr.* 615).

Hidra: hija de Tifón y Equidna, aniquilada por Heracles, que envenenó con su sangre las flechas *(Te.* 313).

Hímero: personificación del Deseo amoroso, compañero de las Gracias *(Te.* 64).

Hiperión: ('el que va por encima'): hijo de Urano y Gea. Padre del Sol. A veces aparece como epíteto suyo *(Te.* 134, 374).

Hiperiónida: patronímico de Helio *(Te.* 1011).

Hipno: ('Sueño'): hijo de la Noche, hermano menor de Tánato *(Te.* 212).

Hipo ('caballo'): Oceánide. Con frecuencia las deidades acuáticas son representadas en formas equinas o asociadas al caballo. Cf. en *Te.* 251 Hipótoa, Hipónoe, Posidón Híppios *(Te.* 351).

Hipónoa: Nereida *(Te.* 251).

Hipótoa: Nereida *(Te.* 251).

Hirneto: uno de los nombres dados a la madre de Homero *(Cert.* 26).

Histia (cf. Hestia): diosa del hogar, hija de Crono y Rea *(Te.* 454).

Homados: Tumulto, personificado *(Esc.* 155).

Homero: poeta épico (cf. *Cert.* 1).

Homéridas: sociedad de rapsodos que hacían remontar su linaje a Homero y estaban especializados en cantar sus poemas y detalles de su vida *(Cert.* 15).

Hopleo: lapita *(Esc.* 180).

Horas: hijas de Zeus y Temis: Eunomía (buena ley, disciplina), Dike (justicia), Eirene (paz). Normalmente son las estaciones personificadas, particularmente las estaciones de vida y crecimiento, como expresan sus nombres en el culto: Talo (brotar), Auxo (crecer) y Carpo (fructificar) (Paus. IX, 35, 2). De ahí que con frecuencia aparezcan asociadas a Afrodita y a las Gracias (cf. *Tr.* 73-5; *Him. Ap.* 194-9). Pero aquí son algo distintas como muestran sus nombres. Son desde el principio diosas que protegen los trabajos de los hombres, sus tierras cultivadas. El poeta, sin embargo, ve la paz y prosperidad de esos trabajos como dependientes de la paz y justa administración *(Tr.* 255-47; *Od.* XIX, 119) y transfiere el nombre colectivo de protectoras a las diosas que representan esos comportamientos cívicos. Así, pues, como divinidades de la naturaleza presiden el ciclo de la vegetación y, como divinidades del orden, aseguran el equilibrio social y simbolizan, en definitiva, un orden cósmico apoyado en los demonios de la profundidad de la tierra (Erinias/Némesis) *(Te.* 901).

Horco: Juramento, hijo de la Discordia, dios encargado de recoger la palabra jurada y castigar a los que la violan. Planea amenazante sobre las cabezas y por eso a los perjuros se les llama *epiorcoi* = «esos sobre quienes está Horco» *(Te.* 231; *Tr.* 219).

Hybris: soberbia, insolencia *(Tr.* 217).

Hysmenia ('batalla'): personificada, hija de Discordia *(Te.* 228).

Ida: 1) monte de la Tróade *(Te.* 1010); 2) monte de Creta.

Idía (sabia): Oceánide, madre de Medea *(Te.* 352, 960).

Ificles: hijo de Anfitrión y Alcmena, gemelo de Heracles *(Argum. Esc.* 19).

Ilión: otro nombre de Troya *(Cert.* 144).

Ilitía: hija de Zeus y Hera, que preside los alumbramientos. Hera misma es la diosa del nacimiento, entre otros aspectos, y es adorada bajo el nombre de Hera Ititía en Argos y Atenas *(Te.* 922).

Ino: hija de Cadmo y Harmonía, que es enloquecida por Hera por recoger al pequeño Dioniso, al ser fulminada Sémele. En su locura arrojó a su hijo menor a un caldero de agua hirviendo y luego se lanzó al mar con el cadáver de su hijo, pero las divinidades marinas se apiadaron de ellos y los transformaron, a ella en una nereida, Leucotea, y al niño en el pequeño dios Palemón *(Te.* 976).

Ios: isla entre Naxos y Tera que, según un oráculo, era la patria de la madre de Homero *(Cert.* 63).

Irene (Eirene: 'paz'): una de las Horas. Suele ir acompañada del epíteto de «floreciente» porque las ciudades florecen bajo su gobierno. Tuvo un altar en Atenas desde 465 a.C. *(Te.* 902).

Iris: por ser hija de Taumante y Electra, su nombre se asocia con el arcoíris, símbolo de la unión entre la tierra y el cielo. Suele ser representada con alas porque, como Hermes, tiene a su cargo la transmisión de mensajes. Por su rapidez, aparece como hermana de las Harpías *(Te.* 266).

Istro: río Danubio *(Te.* 339).

Ítaca: isla del mar Jónico, patria de Odiseo *(Cert.* 39).

Janta ('rubia'): Oceánide *(Te.* 356).

Janto: hijo de Midas que, con su hermano Gorgo, piden a Homero que componga un epigrama para la tumba de su padre *(Cert.* 265).

Jápeto: Titán, hijo de Urano y Gea, esposo de Clímene, padre de Atlante, Menetio, Prometeo y Epimeteo. La figura más titánica, desde Crono. Su nombre no es griego y desde el Renacimiento muchos lo identifican con el bíblico «Yapetos» de los Setenta, con el que se ven varias coincidencias: nombre, castración del padre por parte de un hermano (cf. Génesis IX, 21 –en la Biblia es más suave–); conexión, indirectamente, con el diluvio (el griego por Deucalión, el bíblico por su padre Noé) *(Tr.* 50; *Te.* 18, 134).

Glosario de nombres propios

Japetónida: patronímico de Prometeo *(Te.* 528; *Tr.* 54).

Jasón: hijo de Esón que, para recuperar el reino de su padre, Yolco, del que había sido expulsado por su hermano Pelias, tiene que conquistar el Vellocino de Oro. Organiza con este objetivo la expedición de los Argonautas y, con la ayuda de Medea, hija del rey de la Cólquide, logra su objetivo *(Te.* 993, 1000).

Juramento: cf. Horco *(Te.* 231; *Tr.* 219).

Justicia: cf. Dike *(Te.* 902; *Tr.* 216, 256).

Ker ('hado/destino' de una persona): hija de la Noche. En plural posiblemente tienen el mismo sentido que las Moiras, las Erinias o cualquiera de los «démones» de la muerte (no del destino), como en *Il.* II, 834; *Il.* XII, 326; *Il.* XIII, 687... En el arca de Cípselo (Paus. V, 19, 6) una Ker está a la derecha de Polinices con atributos similares a los muertos, cf. Eur. *Herac.* 870; Apolod. R. IV, 1664 *(Te.* 211; *Esc.* 249).

Ladón: río, hijo del Océano y Tetis. Padre de Dafne (Paus. II, 20; Apolod. *Bib.* II, 5, 3). Hay dos ríos de este nombre, uno afluente del Peneo eleo y otro arcadio, afluente del Alfeo (el de aquí). También era ése el nombre antiguo del tebano Ismenio (Paus. IX, 10, 6) *(Te.* 344).

Lamento: personificado, hijo de la Noche *(Te.* 214).

Laomedea: Nereida *(Te.* 257).

Lapitas: hijos del dios-río tesalio Peneo y la ninfa Creusa (o Fílira), guerreros míticos enfrentados a los centauros. En el *Escudo* aparecen nueve enfrentados a siete centauros. En *Il.* I, 262 ss., aparecen seis. Los nombres de Hoplio y Próloco no aparecen atestiguados en otros lugares. Pero cf. los restos de las inscripciones que quedan sobre figuras de lapitas y centauros del Vaso François *(Esc.* 179-82).

Láquesis: una de las Moiras *(Keres),* hijas de la Noche *(Te.* 218).

Latino: hijo de Odiseo y Circe *(Te.* 1013).

Leágora: Nereida *(Te.* 257).

Leneo: nombre en jonio del mes ático Gamelión, que corresponde a la segunda mitad de enero y la primera de febrero. De él derivan las *leneas,* fiestas en honor de Dioniso que se celebran en esa época del año *(Tr.* 504).

Lerna: río o pantano en el extremo S.O. de la llanura argiva *(Te.* 314).

Lethe: personificación de olvido, hijo de Discordia, da su nombre a una fuente situada en los infiernos *(Te.* 227).

Letó: madre de Apolo y Ártemis *(Te.* 18, 406; *Tr.* 771; *Esc.* 202).

Letoida: patronímico de Apolo *(Esc.* 479).

Licto: una de las siete principales ciudades de Creta, citadas en *Il.* II, 646, asociadas con el nacimiento de Zeus, pero hay varias cuevas en su alrededor y no se sabe cuál de ellas sería exactamente en la que nació Zeus. Otros hablan de

una cueva en el Ida que sería una en la cima del monte que parece haber sido la cueva santuario más importante en la edad del hierro en Creta *(Te.* 477).
Limo: personificación del Hambre, hija de Discordia *(Te.* 227; *Tr.* 299).
Linceo: hijo de Egipto, casado con Hipermestra, única de los Danaides que no mató a su esposo. Antepasado lejano de Heracles (Linceo > Abante > Acrisio > Dánae > Perseo > Alceo > Anfitrión) *(Esc.* 327).
Lino: uno de los antepasados en la genealogía de Homero y Hesíodo *(Cert.* 48).
Lisianasa: Nereida *(Te.* 258).
Locrios: habitantes de Lócride *(Esc.* 25).

Machai: personificación de las Luchas, hijas de Discordia *(Te.* 228).
Margites: poema atribuido a Homero *(Cert.* 18).
Masacres: personificadas, hijas de Discordia *(Te.* 228; *Esc.* 155).
Mases: ciudad de Argólide *(Cert.* 297).
Maya: una de las Pléyades, hija de Atlante, madre de Hermes *(Te.* 938).
Meandro: río de Asia Menor, hijo de Océano y Tetis *(Te.* 339).
Mecisteo: padre de Eurípilo, héroe homérico *(Cert.* 302).
Mecona: se dice que era el primitivo nombre de Sición. Al sur de Sición está Titana, así llamada, según los de Sición, por un Titán que era hermano del Sol (Paus. II, 11, 5). No obstante es dudoso si tiene conexión con Prometeo *(Te.* 536).
Medea: hija de Eetes, rey de la Cólquide. Hechicera que comete crímenes para ayudar a Jasón. Cuando éste al final decide abandonarla, para casarse con la hija del rey de Corinto, provoca los celos de Medea y ella, tras acabar, mediante hechizos, con la vida de la prometida y de su padre, mata a sus propios hijos y huye por los aires en un carro a Atenas, donde Egeo le ofrece hospitalidad *(Te.* 961).
Medeo (normalmente llamado Medo): hijo de Medea y Jasón, rey epónimo de los medos, educado por Quirón (Apolod. *Bib.* 1, 9, 28) *(Te.* 1001).
Medón: rey de Atenas en cuya casa se hospedó Homero *(Cert.* 281).
Medusa: una de las Gorgonas, hijas de Forcis y Ceto *(Te.* 276).
Melanopo: antepasado de Homero y Hesíodo en su genealogía *(Cert.* 52).
Meles: río de Esmirna (Asia Menor) *(Cert.* 9).
Melesígenes: nombre originario de Homero según los habitantes de Esmirna que fue cambiado, después, por el de Homero, al quedarse ciego *(Cert.* 10).
Melíades: 'Ninfas de los fresnos', nacidas de las gotas que caen sobre la tierra al ser mutilado Urano. En recuerdo de este nacimiento, las lanzas homicidas se hacen de estos árboles, de los que también se dice que proceden los hombres de la raza de bronce *(Tr.* 145) y a eso se debe su carácter belicoso.

Mélita: Nereida *(Te.* 247).

Melóbosis (que alimenta rebaños): Oceánide. Por su nombre puede pertenecer a una clase especial de ninfas que protegen los rebaños *(Te.* 354).

Melpómene ('la que canta'): Musa de la tragedia *(Te.* 77).

Memnón: hijo de Titono y Eos, rey de los etíopes *(Te.* 984).

Menémaco: sacerdote considerado por los egipcios padre de Homero *(Cert.* 23).

Menesto: Oceánide *(Te.* 357).

Menetio: hijo de Jápeto, hermano de Atlante, Prometeo y Epimeteo. Figura oscura, con un nombre más apropiado para hombre que para dios, pues es familiar como el nombre del padre de Patroclo (cf. Apolod. *Bib.* I, 2, 3) *(Te.* 510).

Menipa: Nereida *(Te.* 260).

Meón: uno de los nombres dados al padre de Homero *(Cert.* 21).

Metis ('Prudencia'): Oceánide. Primera esposa de Zeus, que le entregó a éste la droga que obligó a Crono a devolver los hijos que se había tragado. Para evitar que el hijo que nazca de ella lo destrone, Zeus se la traga y así es él quien da a luz a Atenea. En *Certamen* éste es uno de los nombres que se dan a la madre de Homero *(Te.* 358, 886; *Cert.* 23).

Metona: ninfa antepasada de Homero y Hesíodo *(Cert.* 49).

Midas: legendario rey de Frigia que había obtenido de los dioses la facultad de convertir en oro cuanto tocaba *(Cert.* 265).

Miedo: personificado *(Esc.* 144).

Mimante: centauro *(Esc.* 186).

Minias: fundador de Orcómeno *(Cert.* 255).

Minos: rey de Creta, padre de Ariadna, hijo de Zeus y Europa que recibe un precioso toro como regalo de Posidón para que se lo sacrifique. Minos no cumple la indicación del dios y, como castigo, su esposa Pasifae, hija de Helio, hermana de Circe y Eetes, se enamora del toro y engendra al monstruoso Minotauro (cf. en Babilonia hombretoro) *(Te.* 948).

Mirmidones: míticos habitantes de la Ptiótide *(Esc.* 380) (cf. *Eaco).*

Mnaságoras: uno de los nombres que se dan al padre de Homero *(Cert.* 22).

Mnemósine: hija de Urano y Gea, conocida como madre de las Musas (cf. *Alcmán* 8, 9; *Solón* 1, 1); no debe ser simple alegoría de la memoria sino una Musa. Pausanias (IX, 29, 2) nos dice que las tres musas originales del Helicón eran: Mélete, Mneme y Aede (preocupación, recuerdo y respeto) *(Te.* 54, 135).

Moiras: hilanderas que se encargan de tejer *(Cloto)* el destino que debe alcanzar a cada uno *(Láquesis),* cuidando de que se cumpla hasta el final, sin darse la vuelta *(Átropo).* Aparecen bien como hijas de la Noche *(Te.* 217), bien de Temis *(Te.* 904) y, como tales, hermanas de las Horas a las que une su función, como hijas de Temis, de orden y regularidad *(Te.* 217, 904).

Momo ('sarcasmo/burla'): hija de la Noche. El consejo de Momo a

Zeus (nacimiento de Helena) fue responsable de la cadena de acontecimientos que condujeron a la guerra de Troya, con la que se intentaba disminuir el excesivo número de hombres sobre la tierra *(Te.* 214).

Montañas: personificadas, hijas de Gea *(Te.* 129).

Mopso: lapita, hijo de Ampix. En Ovidio *(Met.* 12, 450) se dice que participó en la batalla contra los centauros. El padre de Ampix era Titarón, epónimo de una ciudad tesalia. Mopso toma parte en la expedición de los Argonautas entre los que era famoso por su oficio de augur (cf. Apolod. I, 65, 80; IV, 1516) *(Esc.* 181).

Moro: hijo de Noche: 'muerte señalada de un hombre'. Su nombre es de la misma raíz que Moiras, que son las diosas que la señalan *(Te.* 211).

Musas: las nueve hijas de Zeus y Mnomósine, que tienen a su cargo las artes y ciencias; Melpómene la tragedia; Talía la comedia; Urania la astronomía; Calíope la poesía épica; Polimnia los cantos; Terpsícore los coros; Euterpe la música; Clío la historia y Erato la poesía lírica. Existían dos grupos principales, las de Tracia, en Pieria, y las de Beocia, en el Helicón. Las primeras, cercanas al Olimpo, aparecen ligadas al mito de Orfeo y al culto de Dioniso por la importancia que éste tenía en Tracia. Las del Helicón están bajo la dependencia directa de Apolo, que dirige sus cantos en torno a la fuente Hipocrene. En principio el número no era fijo. El número nueve aparece en Homero, en *Od.* XXIV, 60, pero el que un poeta invoque a una Musa en singular no es significativo, pues puede aludir a la Musa del género que cultiva *(Te.* 1, 25; *Tr.* 1, 658; *Esc.* 206).

Nausínoo: hijo de Calipso y de Odiseo, primer rey de los feacios. Éstos eran *nausiklytoi* = «famosos por sus naves», y esto tiende a reflejarse en sus nombres individuales *(Od.* VII, 39, 55, o cf. también, por ejemplo, Nausícaa) *(Te.* 1018).

Neikea: 'Disputas', hijas de Discordia *(Te.* 229).

Nemea: llanura de la Argólide, famosa por los estragos que en ella causó el León hijo de Orto y Equidna, al que tuvo que matar Heracles asfixiándolo ya que era invulnerable. Por ello también, una vez conseguida la victoria, llevó consigo siempre la piel del león *(Te.* 327; *Cert.* 228).

Nemertes: Nereida *(Te.* 262).

Némesis: hija de la Noche. Personificación de «la venganza divina» y la «conciencia pública», pero también «distribución de lo que se debe» *(Te.* 223; *Tr.* 197).

Nereidas: hijas de Nereo. No son una ficción poética, sino figuras importantes de la religión popular (cf. Hrdto. VII, 191). Son ninfas del mar que pueden predecir el futuro como otras deidades marinas y participan con Glauco en un oráculo en Delos. La mayor parte de los nombres

Glosario de nombres propios

son sugeridos por el mar, o por las características de su padre (belleza, generosidad, conocimiento del futuro) que se personaliza así en sus hijas como es típico de todas las mitologías (cf. *Il.* XVIII, 38-48). Damos a continuación los nombres de las que aparecen en Hesíodo indicando, entre paréntesis, una posible significación de su nombre: *Actea* (costa escarpada), *Anfitrite, Autónoa* (inteligente en sí misma), *Cimatolega* (que hace cesar el oleaje), *Cimo* (ola), *Cimédoca* (que recibe las olas), *Cimótoa* (de rápidas olas), *Dinámena* (poderosa), *Dóride* (la doria), *Doto* (dadivosa), *Erato* (amiga), *Espeo* (la de las grutas), *Eucranta* (que se cumple bien), *Eudora* (generosa), *Eulímena* (de buen puerto), *Eunica* (de fácil victoria), *Eupompa* (que conduce fácilmente), *Evágora* (que habla bien), *Evarna* (rica en rebaños), *Éone* (costa, orilla), *Ferusa* (que transporta), *Galatea* (blanca, lechosa), *Galena* (calma), *Glauca* (azulada, resplandeciente), *Glaucónoma* (reparte brillo), *Halimeda* (que se cuida o preocupa del mar), *Halia* (salada), *Hipónoa* (inteligencia de caballo), *Hipótea* (rápida como un caballo), *Laomedea* (que se preocupa del pueblo), *Leágora* (de suave palabra), *Lisianasa* (señora de la liberación), *Mélita* (dulce), *Menipa* (de vigor de caballo), *Nemertes* (infalible), *Nesea* (isleña), *Neso* (isla), *Pasitea* (totalmente divina), *Plato* (navegable), *Pánope* (la que ve todo), *Pulínoa* (de mucha mente), *Pontomedea* (previsora), *Pontoporea* (que ayuda a atravesar el mar), *Prónoa* (previsora), *Proto* (primera), *Psámata* (arenosa), *Sao* (salvadora), *Tetis* (¿la establecida/positiva?), *Toa* (rápida) *(Te.* 240).

Nereo: hijo de Ponto, esposo de Dóride, padre de las Nereidas, bienhechor y benévolo para los marinos. Aparece en primer lugar porque sus cualidades son contrastadas con las de los hijos de Eris. Es uno de los nombres que se dan al «viejo hombre del mar»; se le suele representar con barba cana, cabalgando sobre un tritón y armado con un tridente *(Te.* 249).

Nesea: Nereida *(Te.* 249).

Neso: Nereida *(Te.* 261) y río de Tracia *(Te.* 341).

Néstor: rey de Pilo, hijo de Neleo, prototipo de anciano, prudente, excelente en el consejo *(Cert.* 28).

Niebla *(Achlys):* personificación de la niebla/oscuridad que produce la muerte *(Esc.* 264).

Nike: personificación de la Victoria, hija de Estigia y Palante. Para su subordinación a Zeus se puede ver la colosal estatua (de Fidias) de Zeus en Olimpia, en la que lleva a Nike en su mano derecha (Paus. V, 11, 1, 2). También en Olimpia había un altar de Zeus Catarsios y Nike (Paus. V, 14, 8) *(Te.* 384).

Nilo: río de Egipto, hijo de Tetis y Océano *(Te.* 338).

Ninfas: 'doncellas' que pueblan la naturaleza cuya fecundidad personifican. Divinidades inferiores hijas de Urano y Gea o, según otros, de Zeus. Hay varias categorías: Melias o Melíades (ninfas de los fresnos), Náyades (de las fuentes y corrientes de agua), Nereidas (del mar en calma), Oreidas (de los montes), Alseidas (de los bosques), Dríades o Hamadríades (de los árboles) *(Te.* 130).

Noche: hija de Caos y madre de Éter y Día *(Tr.* 17; *Te.* 20).

Noto: viento del sur, cálido y cargado de humedad, hijo de Astreo y Eos *(Tr.* 675; *Te.* 380).

Oceánides (tres mil): hijas de Océano y Tetis. Su catálogo se asemeja bastante al de las Nereidas, con las que coinciden en algunos nombres, pero en general los de las Oceánides son menos persistentemente acuáticos y menos transparentes. Unos reflejan propiedades de su padre, otros no tienen conexión esencial con el agua *(Te.* 346).

Océano: nombre de origen minoico con el que se designa el gran río que corre alrededor del disco llano que es la tierra (cf. *Il.* XVIII, 607). Hijo de Urano y Gea, es el prolífico esposo de Tetis con la que engendró todos los ríos y corrientes de agua fresca. Asiste a Zeus en la titanomaquia *(Te.* 398) y sirve de refugio a Hera cuando es derrocado Crono. En el *Prometeo* de Esquilo intenta reconciliar al Titán con Zeus *(Te.* 20, 133; *Tr.* 171; *Esc.* 314).

Ocípeta: una de las Harpías, hijas de Taumante y Electra *(Te.* 267). Oceánide *(Te.* 360).

Ocírroe (de rápida corriente): Oceánide *(Te.* 360).

Odiseo: rey de Ítaca, hijo de Laertes, al que ocurren múltiples aventuras cuando regresa de la guerra de Troya *(Te.* 1012; *Cert.* 24).

Olímpico: epíteto que se aplica a: las Musas, Zeus, las mansiones de los dioses, etc. *(Te.* 25, 390, 783; *Tr.* 87, 110).

Olimpo: monte entre Tesalia y Macedonia, en el que vivían los dioses *(Te.* 37; *Tr.* 139).

Olmeo: río de Beocia *(Te.* 6).

Olvido: hijo de Eris *(Te.* 227).

Orcómeno: ciudad de Beocia fundada por el rey Minias *(Cert.* 252).

Orfeo: cantor tracio, considerado antepasado de Homero y Hesíodo. Con su lira conseguía embelesar a cuantos le escuchaban. Al morir su esposa, Eurídice, mordida por una serpiente, baja al infierno y, ante la maravilla de su música, Hades y Perséfone acceden a restituirle a su esposa pero a condición de que no vuelva la cabeza hasta que llegue a la tierra. El músico se vuelve y la pierde. Muere destrozado por las mujeres tracias que arrojan los despojos al río. Éste los lleva al mar y así llegan a Lesbos, donde le rinden honras fúnebres y por eso ahí surgen los mejores poetas líricos *(Cert.* 49).

Orión: hijo de Hirieo, del que se enamoró la aurora que lo raptó y llevó a Delos. Fue muerto por Ártemis porque intentó violarla y ésta le envió un escorpión que le picó en el talón. Tanto uno como otro fueron transformados en constelaciones y por eso la constelación de Orión huye eternamente de la de Escorpión *(Tr.* 598).

Orto: perro de Gerión, hijo de Equidna y padre de la Esfinge de Tebas *(Te.* 293).

Otris: monte de Ptiótide, suroeste de Tesalia *(Te.* 632).

Pagasas: ciudad de Yolco *(Esc.* 70).

Palante: hijo de Crío y Euribia. Este oscuro nombre aparece en *Him. Herm.* 100 como padre de la Luna (en Hesíodo es primo) y hermano de Megamedes *(Te.* 376).

Palas: epíteto de Atenea. Una leyenda tardía habla de una hija de Tritón, llamada Palas, con la que habría sido educada Atenea y a la que, accidentalmente, le habría dado muerte, fabricando en su honor el Paladio *(Te.* 577; *Tr.* 76; *Esc.* 126).

Palioxis (reflujo): contraataque *(Esc.* 154).

Pandiónida: hija de Pandión, rey de Atenas que, agradecido al rey tracio Tereo por la ayuda que le había prestado contra Tebas, le concedió la mano de su hija Procne. De esa unión nace Itis, pero, después, Tereo se enamora de Filomela, hermana de Procne, a la que intenta violar y, para que no se lo cuente a su hermana, le corta la lengua. Filomela borda lo sucedido en una tela para comunicárselo a Procne. En venganza, ambas matan a Itis y se lo sirven en un banquete a Tereo. Cuando él se da cuenta, las persigue para matarlas pero los dioses compadecidos de ellos los transforman en ruiseñor (Procne), golondrina (Filomela) y abubilla (Tereo) *(Tr.* 568).

Pandora: primera mujer, esposa de Epimeteo y madre de Pirra (cf. Paus. I, 24, 7) *(Tr.* 81).

Panedes: hermano de Anfidamante que forma parte del jurado en los juegos fúnebres en que participaron Homero y Hesíodo *(Cert.* 71).

Panhelenos: nombre genérico de los griegos *(Tr.* 528).

Pánico: hijo de Ares y Afrodita *(Te.* 934; *Esc.* 144).

Pánope: Nereida *(Te.* 250).

Pantoporea: Nereida *(Te.* 256).

Parnaso: monte próximo al Delfos, consagrado a Apolo *(Te.* 499).

Partenio: río del mar Negro, entre Euxino y Heraclea de Sinope *(Il.* II, 854). También era el nombre primitivo del Imbraso de Samos *(Te.* 344).

Pasítea: Nereida. En *Ilíada,* nombre de una Gracia *(Te.* 246).

Pasítoa: rápida para todo. Oceánide. Otras fuentes ofrecen la variante Pisítoa *(Te.* 352).

Paz (Eirene): una de las Horas *(Te.* 902; *Tr.* 228).

Pegaso: caballo alado, nacido de la sangre de Medusa. Hesíodo hace proceder su nombre no de *pege,* sino de *pegai,* plural que designa las aguas, no la fuente, de un río. Cf. caballos alados de Asiria *(Te.* 281).

Peito ('Persuasión'): Oceánide. En *Tr.* 73 aparece unida a las Gracias *(Te.* 349; *Tr.* 73).

Peleo: hijo de Éaco, se une a la nereida Tetis a pesar de que ésta se transforma en diversos seres, entre otros en jibia, para huir de él. De esa unión nace Aquiles *(Te.* 1006).

Pelias: hijo de Posidón y Tiro, rey de Yolco, muerto a manos de sus hijas convencidas por Medea de que, si lo descuartizaban y hervían, ella con sus filtros le rejuvenecería *(Te.* 996).

Peloponeso: Grecia meridional *(Cert.* 227).

Peneo: río de Tesalia, hijo de Océano y Tetis *(Te.* 343).

Penfredo: una de las Grayas, hija de Ceto y Forcis *(Te.* 273).

Perimedes: centauro *(Esc.* 187).

Permeso: arroyo que fluía hacia el lago de Copais, cerca de Haliarto *(Te.* 5).

Perséfone: hija de Zeus y Deméter, raptada por Hades prueba la granada, por lo que debe permanecer en el mundo subterráneo dos tercios del año y sólo uno puede estar en la tierra *(Te.* 768, 913).

Perseis/Perseida: Oceánide. La madre de Circe y Eetes *(Te.* 356, 957).

Perseo: hijo de Zeus y Dánae que mató a la Gorgona (cf. Dánae) *(Esc.* 216; *Te.* 280) (cf. Apolod. *Bib.* II, 34).

Perses: 1) padre de Hécate; 2) en *Trabajos y días* y en *Certamen* hermano de Hesíodo *(Te.* 377; *Cert.* 54; *Tr.* 19, 27...).

Petrea ('rocosa'): Oceánide *(Te.* 357).

Petreo: centauro (cf. Ov. *Met.* 12, 327, 330) *(Esc.* 185).

Peucida: patronímico de Perímedes y Dríalo (centauros) *(Esc.* 187).

Picimeda: hija de Apolo, antepasada de Homero y Hesíodo en su genealogía *(Cert.* 53).

Pieria: región al norte del Olimpo. Entre éste y el Haliacmón. La asociación de las Musas con Pieria no es homérica, pues en Homero son olímpicas.

Piérides: epíteto local aplicado a las Musas. Según una leyenda son nueve doncellas, hijas de Piero y Evipe, que, al competir con las Musas del Helicán y ser vencidas, éstas las transforman en aves *(Esc.* 206).

Piero: uno de los antepasados de Homero y Hesíodo *(Cert.* 48).

Pilo: ciudad de Mesenia *(Esc.* 359).

Pirítoo: héroe tesalio, de la raza de los lapitas, amigo de Teseo. Ambos raptan a Helena y luego bajan al Hades para hacer lo mismo con Perséfone, pero quedan prisioneros hasta que llega Heracles y rescata a Teseo, pero deja a Pirítoo porque al intentar liberarlo la tierra tiembla *(Esc.* 179).

Pisitoa ('de rápida persuasión'): Oceánide *(Te.* 352).

Pitia: pitonisa, sacerdotisa del oráculo de Apolo en Delfos. Su nombre proviene de que el dios establece su oráculo tras vencer a la serpiente Pitón *(Cert.* 34).

Pito: cfr. Peito (Peitho).

Pitó: nombre del oráculo de Delfos, cf. historia de la Pitia *(Te.* 499; *Argum. Esc.* 20).

Plexaura ('viento que golpea'): Oceánide *(Te.* 353).

Pléyades: las siete hijas de Atlante, convertidas en estrellas: Taigete, Electra, Alcione, Asterope, Celeno, Maya y Mérope *(Tr.* 383, 527; *Cert.* 183).

Pluto ('riqueza'): Oceánide. Posiblemente por la creencia de que la prosperidad es un regalo de dioses. También = «riqueza», personificada. Hija de Deméter y Yasio. Debe considerarse más específicamente como la propiedad del dios de la tierra. Normalmente se distinguen las funciones: Deméter y Perséfone se ocupan de las cosechas y Hades-Pluto es señor de los muertos *(Te.* 355, 969).

Poder: personificación, hijo de Palante y Estigia *(Te.* 385).

Policasta (otras veces llamada Epicasta, *Cert.* 35): hija de Néstor considerada por algunos madre de Homero *(Cert.* 27).

Polidora ('de muchos regalos'): Oceánide *(Te.* 354).

Polidoro: hijo de Cadmo y Harmonía *(Te.* 978).

Polimnia ('la de muchos himnos'): Musa de los cantos *(Te.* 78).

Ponos: fatiga personificada. Hija de Discordia *(Te.* 226).

Ponto ('la ola'): personificación masculina del mar. Hijo de Gea *(Te.* 107).

Pontoporea: Nereida *(Te.* 256).

Posidón: dios del mar hijo de Crono y Rea *(Tr.* 667; *Te.* 15; *Cert.* 47).

Primno ('que está al borde, en el extremo'): Oceánide *(Te.* 350).

Proioxis: flujo personificado *(Esc.* 154).

Prólogo: lapita *(Esc.* 180).

Prometeo: hijo de Jápeto y Clímene, hermano de Atlante, Menetio y Epimeteo *(Tr.* 48; *Te.* 510).

Prónoa: Nereida *(Te.* 261).

Proto: Nereida *(Te.* 243, 248).

Protomedea: Nereida *(Te.* 249).

Psamata: Nereida *(Te.* 260, 1004).

Pulínoa: Nereida *(Te.* 258).

Quimera: hija de Hidra y madre de Esfinge. Animal fabuloso mezcla de león, serpiente y cabra, muerto por Beleforonte (cf. *Il.* VI, 181; Ov. *Met.* 9, 647; Apolod. *Bib.* II, 3, 1) *(Te.* 319).

Quíos: una de las mayores islas de Jonia *(Cert.* 13).

Quirón: centauro hijo de Fílira y Crono, que se ocupó de la educación de varios héroes: Aquiles *(Il.* XI, 832; Pínd. *Pít.* 6, 21), Jasón (Pínd. *Pít.* 4, 102), Asclepio *(Il.* IV, 219), Aristeo, Acteón, Heracles. Herido, accidentalmente, por Heracles, al no poder curar las llagas causadas por las flechas, cede la inmortalidad a Prometeo *(Te.* 1001).

Rea: hija de Urano y Gea, esposa de Crono. Salva de la voracidad de éste a Zeus *(Te.* 135, 453).

Reflujo *(palioxis):* personificación *(Esc.* 154).

Reso: río de la Tróade, hijo de Océano y Tetis *(Te.* 340).

Respeto *(aidós):* personificación *(Tr.* 197).

Riñas *(neikea):* personificadas, hijas de Discordia *(Te.* 229).

Ríos: personificados, hijos de Océano y Tetis *(Te.* 337).

Rivalidad *(celo):* personificada, hija de Palante y Estigia *(Te.* 384).

Rodea ('rosada'): Oceánide *(Te.* 351).
Rodio: río de Tróade *(Te.* 341).

Sangario: río de Bitinia, hijo de Océano y Tetis, mencionado por Homero en conexión con los frigios *(Il.* III, 187; XVI, 719) *(Te.* 344).
Sao: Nereida *(Te.* 243).
Sarpedón: héroe de la *Ilíada,* jefe del contingente litio que ayuda a los troyanos. Se considera hijo de Zeus y Laodamia. Muere a manos de Patroclo *(Cert.* 126).
Selene: la Luna, hija de Hiperión y Tea. Mujer joven y hermosa que recorre el cielo en un carro tirado por dos caballos *(Te.* 19, 371).
Sémele: hija de Cadmo y Harmonía. Amada por Zeus es madre de Dioniso. Muere fulminada por los rayos del dios al querer contemplar a éste en toda su gloria *(Te.* 940, 976).
Simunte: río de Tróade, hijo de Océano y Tetis *(Te.* 342; *Cert.* 127).
Sirena: genio marino, mitad mujer, mitad ave. Homero no da nombres *(Od.* XII) pero los poetas y artistas posteriores las llaman: *Thelxinoe, Thelxiope, Thelxiepea* ('de mente, voz, palabra encantadora'); *Aglaphonos / Aglaopheme / Aglaope* ('de voz espléndida'); *Peisinoe* ('de mente persuasiva'). Más tarde, cuando adquieren una conexión especial con el sur de Italia, son llamadas a menudo: Parténope, Leucosia y Ligeia. Sus estatuas aparecen junto a las tumbas, pues su nombre, Sirius ('el destructor'), significa que eran asesinas. De ahí su unión con las Harpías y Erinias (cf. Apolod. *Epít.* 7, 18-19) *(Cert.* 39).
Sirio: estrella de primera magnitud, y la más brillante, en la constelación del Can mayor. Su salida tiene lugar, según Hesíodo, el 19 de julio *(Tr.* 417; *Esc.* 153).
Sueños: personificados, hijos de Noche *(Te.* 212).

Tafos (los tafios): Tafos es la isla próxima a la Acarnania. Los tafios son los que robaron las vacas de Electrión, padre de Alcmena, y sobre los que debía tomar venganza Anfitrión *(Argum. Esc.* 11).
Talía: la festiva. Musa de las comedias *(Te.* 77). Una de las Gracias *(Te.* 909) (vegetación) hijas de Zeus y Eurinome.
Tamiras: uno de los nombres dados al padre de Homero *(Cert.* 23).
Tánato: personificación de la muerte, hija de la Noche *(Te.* 211).
Tártaro: lugar de tinieblas, pero también aparece personificado como uno de los elementos primordiales del mundo (cf. Platón, *Fedón* 111e-112a). Para P. Mazon el poeta lo representa como una especie de jarra, terminada por un cuello estrecho, de donde salen las «raíces del mundo». Éste se despliega con sus tierras y mares, por encima de la boca infernal, como un ramo por encima del vaso *(Te.* 119, 720-819).

Taumante: hijo de Ponto y Gea, esposo de Electra y padre de las Harpías, figura oscura, desconocida en el culto, más famoso como padre de Iris (cf. Platón, *Teet.* 155d que relaciona su nombre con *thaumazo*) *(Te.* 237).

Tea (Tía): hija de Urano y Gea, esposa de Hiperión y madre de Helio, Selene y Eos *(Te.* 135, 371).

Tebas: ciudad de Beocia, fundada por el fenicio Cadmo. Patria de Edipo, contra la que emprenden la guerra los siete jefes argivos *(Te.* 530; *Tr.* 162; *Esc.* 2).

Teléboas: habitantes primitivos de Acarnania *(Esc.* 19).

Telégono: hijo de Circe y Odiseo, o bien, según otros, de Odiseo y Calipso *(Te.* 1014).

Telémaco: hijo de Odiseo y Penélope. Considerado por algunos padre de Homero *(Cert.* 24).

Telesto ('perfecta'): Oceánide *(Te.* 358).

Temis: personificación de la Ley, hija de Urano y Gea, y madre de las Horas *(Te.* 16, 901).

Temista: uno de los nombres que se dan a la madre de Homero *(Cert.* 25).

Temisto: Nereida *(Te.* 261).

Temistonoa: hija de Ceix, mujer de Cicno *(Argum. Esc.* 25).

Terpsícore: Musa de los Coros *(Te.* 78).

Terror *(deimos):* personificación, hijo de Ares y Afrodita *(Te.* 934; *Esc.* 195).

Teseo: hijo de Egeo, rey de Atenas. Acaba con múltiples monstruos que habían poblado la tierra mientras Heracles era retenido por Onfale: Perifetes, Sinis, cerda de Cromión, Escirón, Cerción, Procrustes, Toro de Maratón. Asimismo vence al Minotauro (cf. *Egeo).* De su unión con la amazona Antíope (cf. Paus. I, 2, 1) nace su hijo Hipólito, del que se enamora después la nueva esposa de Teseo, Fedra, que, al verse frustrada en sus pretensiones, se ahorca, dejando unas tablillas calumniosas contra Hipólito, que morirá víctima de la petición que Teseo hace a Posidón para que acabe con él, haciendo caso a la calumnia (cf. también Pirítoo) *(Esc.* 182).

Tetis: 1) *(Thetis):* Nereida, esposa de Peleo, madre de Aquiles; 2) *(Tethys):* hija de Gea y Urano *(Te.* 136). Consorte tradicional de Océano y, en un período más tardío, identificada con el mar. Según *Il.* (XIV, 200-7) era la madre de los dioses, lo que podría hacer pensar en la correspondencia entre Océano y Tetis y Apsû y Tiâmat de la cosmología babilonia (aguas masculina y femenina) *(Te.* 1006 y 136, respectivamente).

Tía: cf. *Tea.*

Tideo: héroe etolio que, por haber cometido un asesinato, tuvo que abandonar el país y se fue a la corte de Adrasto, donde se purificó y se casó con una de sus hijas *(Cert.* 299).

Tidida: Diomedes (hijo de Tideo) *(Cert.* 299).

Tifaonio: monte de Beocia *(Esc.* 32).

Tifón: hijo de Tártaro y Gea, esposo de Equidna. Padre de Orto, Cerbero e Hidra. Hay tres hechos de la Tifonomaquia *(Te.* 820-880) que ligan este episodio con el mito de la sucesión del Próximo Oriente: Tifón está asociado con el sur de Asia Menor *(Te.* 304: *árimos).* Es el padre de una banda de monstruos que se asemeja a la progenie de Enûma Elis que, aunque no atacan a los dioses como grupo en el mito griego, hay una tradición en Grecia, en la que, como en el mito babilonio, una banda de monstruos, bajo el liderazgo de una serpiente, luchan con los dioses: batalla entre Crono y Ofiónidas, descrita por Ferécides. El peligroso monstruo se corresponde con el Ullikummi de la versión hurrita *(Te.* 306, 821).

Tique: cf. Tyche.

Tirinte: ciudad de Argólide *(Te.* 292).

Tirrenos: esta nación no es mencionada antes del siglo v, pero parece que deben de ser los etruscos, pues la historia sobre los tirrenos, cuyos reyes son Agrio y Latino, es una historia sobre etruscos. El comercio greco-etrusco debió de comenzar en el siglo VIII a.C. *(Te.* 1016).

Titanes: nombre genérico de los hijos de Urano. El mito griego sigue la versión hurrita (distinta de la noruega y la babilonia). Primero batalla entre dioses y después batalla con un monstruo (Tifón/Ullikummi). Pero quizá el ejército de monstruos de Babilonia ha dejado un eco en la teología griega (cf. *Te.* 270-336). La titanomaquia se sitúa en Tesalia, posiblemente porque allí está el Olimpo, y el Otris se convierte en cuartel general de los Titanes simplemente porque era la montaña principal en el lado opuesto de la llanura *(Te.* 617-719).

Titaresio: caudillo de los lapitas contra los centauros. El padre de Ampix (padre del lapita Mopso) era Titarón, epónimo de una ciudad de Tesalia. Pero Mopso es más probablemente titaresio por el río Titaresio (d. Europo) que había nacido en el monte Titario, junto al Olimpo *(Esc.* 181).

Titono: cf. *Him. Afrod.* 218-38. Raptado por Eos se convierte en su esposo. De su unión nacen: Memnón y Ematión. Eos le pide a Zeus que haga inmortal a Titono, pero se olvida de pedirle también la juventud eterna, por lo que al final, como envejecía y chocheaba, Eos lo transformó en cigarra *(Te.* 984).

Toa ('rápida'): Nereida *(Te.* 245). Oceánide *(Te.* 354).

Tracia: región al noreste de Grecia, rica en metales, madera, vid y cereales *(Tr.* 507).

Tracio: epíteto de Bóreas *(Tr.* 553).

Traquis: ciudad de Tesalia *(Argum. Esc.* 22; *Esc.* 353).

Trecén: ciudad de Argólide *(Cert.* 22).

Treto: montaña al sureste de Nemea en el camino de Cleonas a Micenas y Argos (Paus. II, 15, 2) *(Te.* 331).

Tritogenia: nombre dado a Atenea, cuyo significado es incierto, pero quizá se deba a que Tritón es el padre de Palas *(Te. 895; Esc. 197)*.

Tritón: monstruo marino, hijo de Anfítrite y Posidón, padre de Palas. La oscura etimología de esta palabra hace que los griegos lo pongan en relación con el lago Tritonis, en Libia, pero el Tritón original parece haber sido un dios griego del mar. El arte oriental muestra seres similares *(Te. 931)*.

Troilo: compañero de viaje de Hesíodo. Seductor de la hija de Ganíctor *(Cert. 250)*.

Troya: ciudad de Asia Menor *(Cert. 317)*.

Tumulto *(Homados)*: personificación *(Esc. 55)*.

Tyche ('la Fortuna'): Oceánide. Posiblemente clasificada como tal por Hesíodo porque es la deseable patrona de la juventud *(Te. 360)*.

Urania ('celestial'): Musa de la astronomía *(Te. 78)*. Oceánide *(Te. 350)*.

Uránidas: patronímico de Crono y sus hermanos *(Te. 486)*.

Urano: cielo, hijo y esposo de Gea. Especie de pálido complemento de Gea y mucho menos importante en la religión y los mitos griegos. Zeus es el real dios cielo. Urano sólo aparece en las genealogías o en el contexto de su unión con Gea. Como elemento físico fue concebido como un sólido techo del mundo *(Te. 45; Te. 127)*.

Ureo: centauro (cf. Paus. III, 18, 16) *(Esc. 186)*.

Vejez: personificada: hija de Noche *(Te. 225)*.

Yadmonides: antepasado en la genealogía de Homero y de Hesíodo *(Cert. 50)*.

Yanira: Oceánide *(Te. 356)*.

Yanta ('violácea'): Oceánide *(Te. 349)*.

Yasio: mortal que unido a Deméter es padre de Pluto (Paus. V, 7, 6) *(Od. V, 125) (Te. 970)*.

Yolao: hijo de Ificles, ayudante de Heracles en varias de sus hazañas, por ejemplo el combate con Cicno *(Te. 317; Esc. 74, 77)*.

Yolco: ciudad de Tesalia, reino de Pellas *(Te. 997; Esc. 380)*.

Zeus: padre de los dioses y hombres. Una vez establecido como soberano consolida su mando por una serie de siete matrimonios de los que nacerá la generación de dioses jóvenes: Metis (Atenea), Déméter (Perséfone), Letó (Apolo y Ártemis), Hera (Hebe, Ares, Ilitía), Temis (Horas: Eunomia, Dike y Eirene, y las Moiras), Eurínome (las Gracias: Aglaya, Eufrósina y Talía), Mnemósine (las nueve Musas) *(Argum. Esc. 16; Tr. 2, 4; Esc. 22, 33...; Te. 11, 457, 881-1020; Cert. 102)*.

Zeuxo ('la que unce'): Oceánide *(Te. 352)*.

2. Teogonía: Cuadro «A»

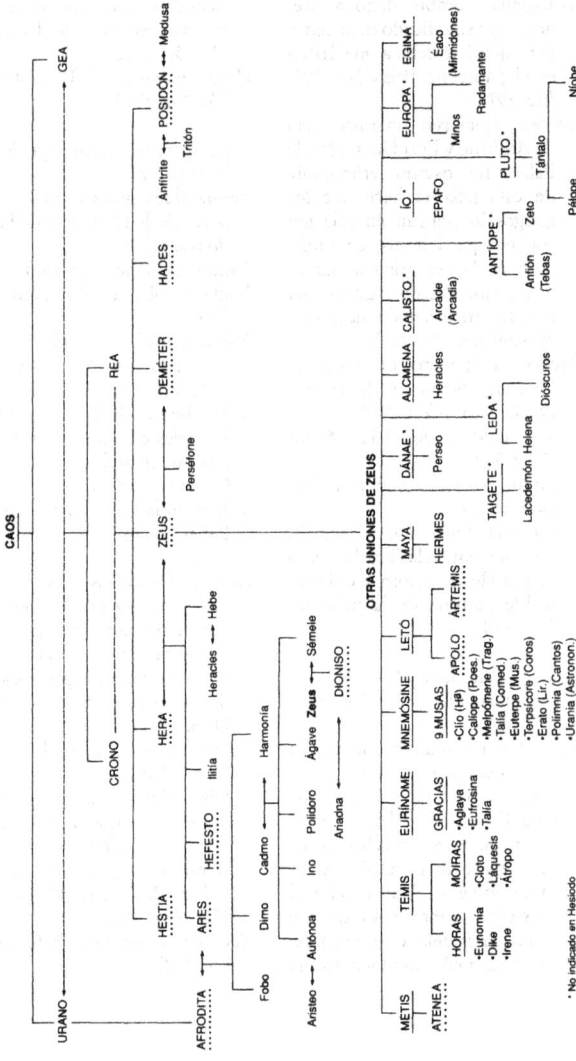

* No indicado en Hesíodo

3. Teogonía: Cuadro «B»

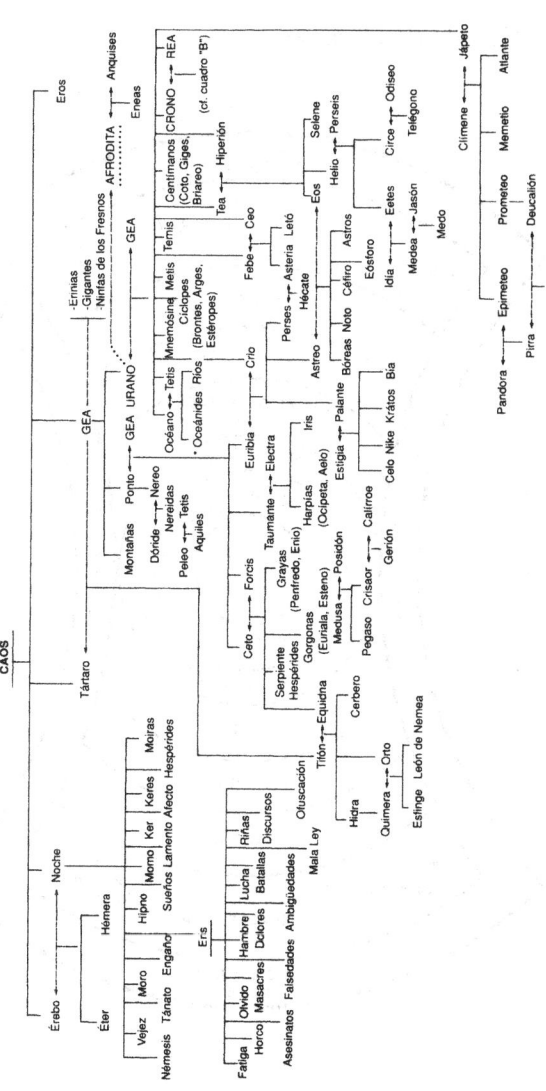

4. Escudo de Heracles

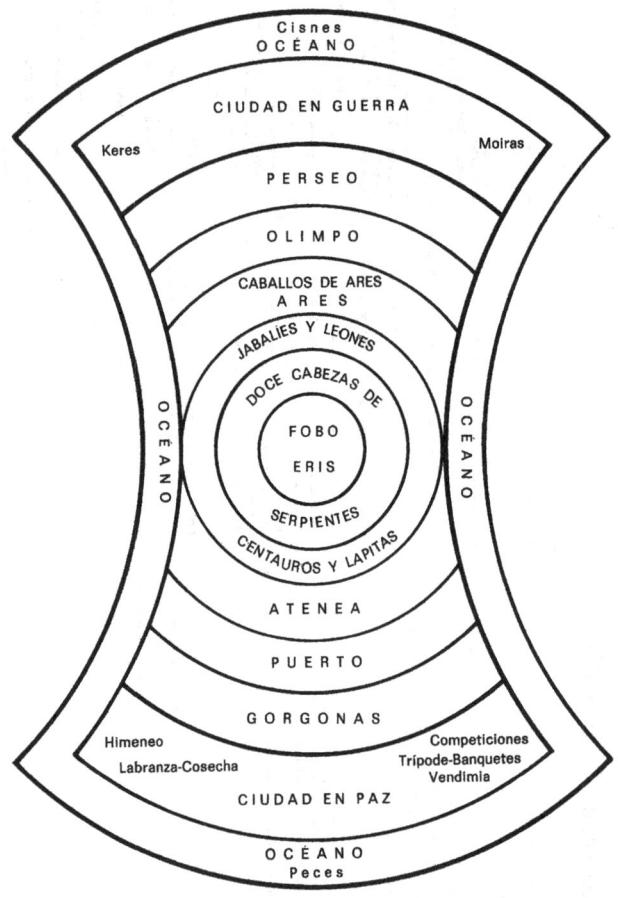

5. Escudo de Aquiles (Ilíada)

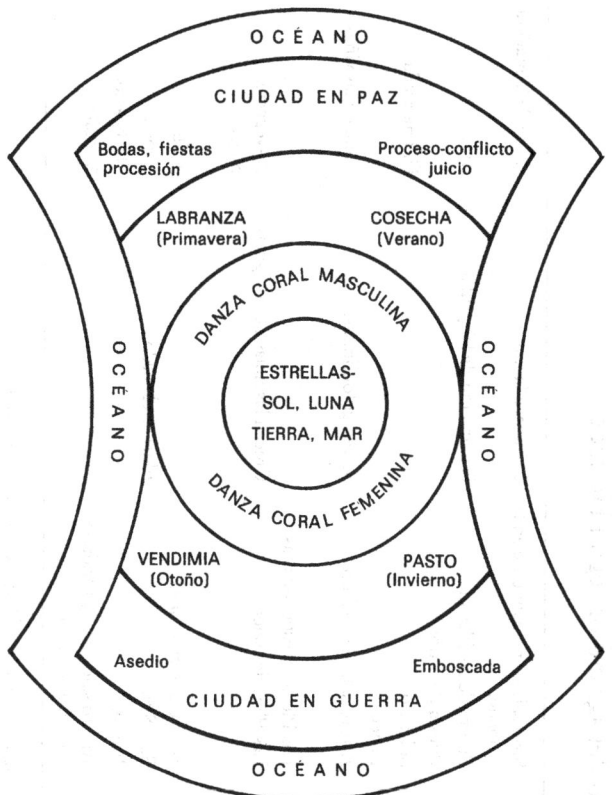

6. Calendario del agricultor según Hesíodo

Mes			
Septiembre	Sirio sale principalmente en la noche.	Comienza la lluvia.	Corte de la madera.	419 ss.
Octubre	Puesta de las Pléyades.	Emigración de las grullas.	Arar.	384 ss.
Noviembre	Puesta de Orión.			448 ss.
Diciembre	Solsticio.		Última arada.	479 ss.
Enero	Leneo.			504 ss.
Febrero	Arturo sale al anochecer.	Se ven golondrinas.	Poda de las viñas.	564 ss.
Marzo				
Abril	Las Pléyades están ocultas.			385 ss.
Mayo	Las Pléyades salen.	Crecen las hojas de la higuera.	Navegación.	678 ss.
			Siega.	383 ss.
				571 ss.
Junio	Solsticio. Orión sale.		Trilla.	597 ss.
Julio	Sale Sirio.	Florece el cardo.	Beber.	582 ss.
Agosto	Etesios.		Navegación.	663 ss.
Septiembre	Arturo sale. Sirio y Orión se desplazan al sur.		Vendimia.	609 ss.

Según West, M. L.: *Hesiod, Works and Days*, Oxford, 1980, p. 253.